Konzept und Beratung der Reihe Beltz Weiterbildung:

Prof. *Dr. Karlheinz A. Geißler*, Schlechinger Weg 13, D-81669 München.
Prof. *Dr. Bernd Weidenmann*, Weidmoosweg 5, D-83626 Valley.

Nina L. Dulabaum

Mediation: Das ABC

Die Kunst, in Konflikten erfolgreich zu vermitteln

3. Auflage

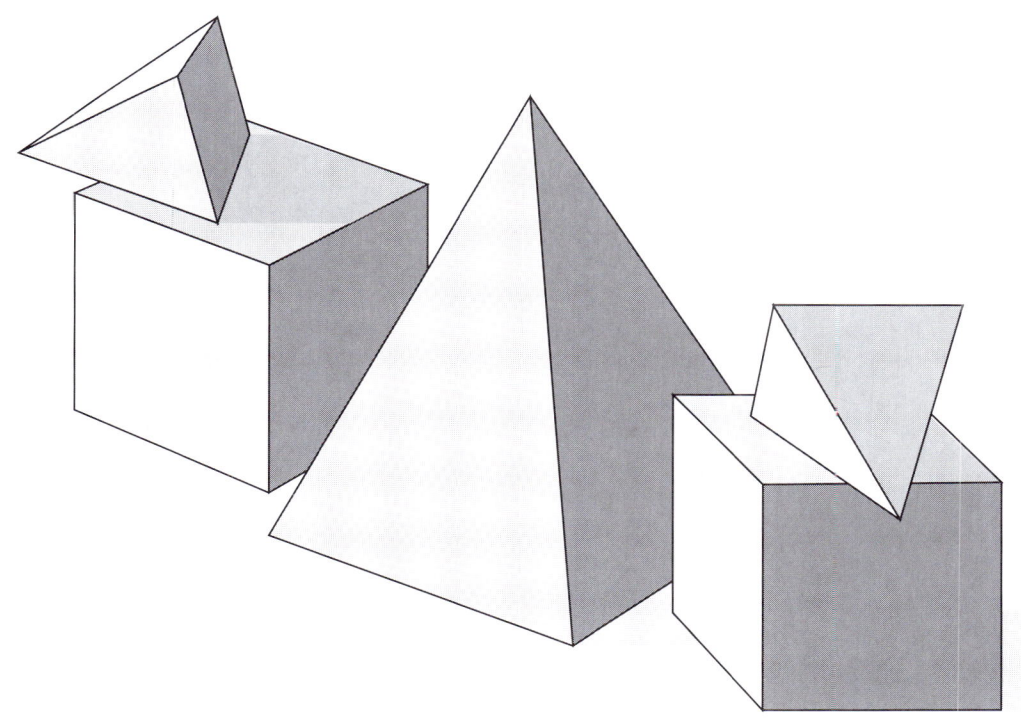

Beltz Verlag · Weinheim und Basel

Über die Autorin:

Nina L. Dulabaum, Dr., M.A., B.A., Jg. 1961, ist seit 1983 Beraterin, Bildungsreferentin, Trainerin und Mediatorin in Deutschland und Österreich mit den Themenschwerpunkten: Mediation, Konfliktmanagement; interkulturelle und geschlechtsspezifische Kommunikation sowie Organisationsentwicklung. Nach Lehrtätigkeit an der Staatlichen Studienakademie Sachsen ist sie seit April 1999 »Fachreferentin für jugendpolitische Sonderaufgaben und Extremismus« der Stadt Leipzig.

E-Mail: DrDuly@aol.com

Für die redaktionelle Unterstützung danke ich meiner Lektorin Ingeborg Sachsenmeier. Dank auch an Gerald Nöbel für seine künstlerische Mitarbeit und die spritzige Bildersprache.

3., aktualisierte und neu ausgestattete Auflage 2001
2., vollständig überarbeitete Auflage 2000

Gesetzt nach den neuen Rechtschreibregeln
Lektorat: Ingeborg Sachsenmeier

© 1998 Beltz Verlag · Weinheim und Basel
www.beltz.de
Herstellung: Ute Jöst, Publikations-Service, Birkenau
Satz: Satz- und Reprotechnik GmbH, Hemsbach
Druck: Druckhaus Beltz, Hemsbach
Umschlaggestaltung und die Grafik S. 3: Bernhard Zerwann, Bad Dürkheim
Printed in Germany

ISBN 3-407-36386-9

Inhaltsverzeichnis

Vorwort und Einführung

Werkzeug für die Praxis

Liebe Leserinnen und Leser,
kennen Sie nicht mindestens eine von diesen Situationen?

1. Zwei Kinder oder Jugendliche streiten sich. Vielleicht geschieht dies auf einem Spielplatz oder in der Straßenbahn. Auf jeden Fall sind beide aufgebracht, und ihre Stimmen werden immer lauter. Es ist für Sie schwer nachvollziehbar, was los ist. Immer wenn Sie versuchen, mit den beiden zu reden, wird nur zurückgepöbelt. Gibt es etwas Bestimmtes, das Sie sagen oder machen können, um die Zwei abzulenken und zu beruhigen?

2. Ihre Nachbarschaft fängt an, sich seltsam zu verhalten. Offensichtlich gibt es Spannungen zwischen einigen Hausbewohnern. Eine Nachbarin hat sich über den Lärm der Anderen geärgert. Es gab schon einen Wortwechsel und eine scharfe Auseinandersetzung im Treppenhaus. Sie können dies erst einmal ignorieren, aber Sie werden – ob Sie es wollen oder nicht – auch miteinbezogen. Gibt es in diesem Fall eine Methode, wie Sie Ihre streitenden Nachbarn ansprechen können?

3. Ihr Ehepartner hat eine andere Meinung als Sie. Sie streiten sich heftig, und dieser ursprüngliche Streit ufert in eine grundsätzliche »In-Fragestellung« Ihrer Beziehung aus. Sie fühlen sich hilflos und wissen nicht genau, was Sie sagen sollen, da Sie zugleich verletzt und noch dazu sehr wütend sind. Gibt es Möglichkeiten, mit solchen Streitereien bzw. Spannungen umzugehen?

4. Ein Kollege tratscht und verbreitet Gerüchte über Sie. Manchmal werden Sie auch schon komisch von den anderen Kolleginnen und Kollegen begrüßt. Sie finden dies sehr unangenehm. Können Sie etwas tun, um aus einer zugeschriebenen »Opferrolle« herauszutreten und für eine Klärung der Situation zu sorgen?

5 Zwei Mitarbeiter zanken sich immer wieder. Manchmal geht es um eine konkrete Sache. Manchmal scheinen die beiden einfach verfeindet und streitsüchtig zu sein. Es ist klar, dass etwas zwischen den beiden liegt – aber niemand will sich einmischen. Allerdings verschlimmert sich die Situation. Die Atmosphäre im ihrem betrieblichen Bereich leidet deutlich unter diesem ständigen »kalten Krieg«, da sie mittlerweile versuchen, Leute auf ihre Seite zu ziehen. Sie fragen sich, ob es möglich ist, etwas zu unternehmen. Sie fragen sich: »Gibt es Wege aus diesem Dauer-Disput?«

Die Antwort lautet: »Ja! Es gibt Wege, Strategien und Möglichkeiten!« Dieses Buch bietet Ihnen klare Antworten, um mit solchen oder ähnlichen Konfliktsituationen besser umzugehen. Konflikte können besser oder schlimmer werden. Das hängt meist davon ab, wie Sie mit den Konflikten umgehen und was Sie normalerweise machen, wenn es einen Konflikt gibt!

Der Zweck dieses Buches ist, Ihnen eine konkrete Einführung in die Methode der Mediation zu bieten, um Ihnen zu helfen, mit diesen und anderen Konflikten fertig zu werden, ohne dass Sie Ihre Fassung und ihre Geduld verlieren müssen.

Was ist Mediation?

❖ Mediation ist eine Kunst, Konflikte in einer konstruktiven Art und Weise zu deeskalieren und zu bearbeiten.
❖ Mediation ist eine eher informelle und außergerichtliche Art der Konfliktbearbeitung und strebt gegenseitiges Verstehen, gewaltfreie und konstruktive Kommunikation an.
❖ Mediation bietet eine Alternative zur direkten Konfliktaustragung (zwei Leute streiten sich) bzw. zur administrativen Konfliktregelung – wenn beispielsweise eine dritte Person die Regelung übernimmt und entscheidet, was getan werden muss.
❖ Mediation fördert eine zivilisierte Streitkultur und zielt auf eine einvernehmliche Konfliktlösung, wenn sich die direkte Konfliktaustragung in einer Sackgasse befindet – wenn zwei Streitende nicht weiterkommen.
❖ Mediation kann der Gewalt vorbeugen: Am besten setzt sie ein, bevor ein Konflikt durch zunehmendes Misstrauen, sich steigernde Vergel-

tungswünsche zur gegenseitigen Verhärtung führt und in fuchsteufelswilden Hass ausufert.

❖ Mediation bedeutet »Vermittlung im Konflikt«, und da Konflikte ein zentrales Thema im Zusammenleben weltweit sind, ist sie ein wichtiges und erlernbares Werkzeug für den Beruf und für das Privatleben.

»Ist Mediation eigentlich mit Meditation verwandt?« Häufig wird Mediation mit »Meditation« verwechselt. Ich habe zahlreiche Seminare geleitet, bei denen einige Teilnehmerinnen und Teilnehmer sehr wohlmeinend mit dicken Decken oder bequemer Kleidung für das Meditieren aufkreuzten. Ich musste die Leute leider ein bisschen enttäuschen, aber ich verspreche Ihnen, dass wir bei der Mediation gelegentlich auch meditieren können.

Schritt für Schritt aktiviert das Mediationsverfahren die kreativen und konstruktiven Fähigkeiten bei den Streitenden und unterstützt sie, eine einvernehmliche Lösung zu finden oder einen Bearbeitungsprozess in Gang zu setzen. Mediation bietet eine zugängliche Art einer Konfliktregelung an: Eine Person – ein Mediator oder eine Mediatorin – bietet in der Regel zwei Konfliktparteien die Chance, ihre Meinungen und Befindlichkeiten zu äußern. Sie ist zuständig für den Aufbau eines Dialogs. Der Mediator fasst mit Hilfe von Gesprächstechniken und -strategien beide Standpunkte zusammen, und ermutigt beide Parteien, Verständnis füreinander zu entwickeln und gemeinsam eine Übereinkunft zu erreichen. Ein Mediator verbessert das Beziehungsklima und begleitet den dynamischen Prozess zur Konflikttransformation ohne Entscheidungsbefugnis. Die Aufgabe der Mediatoren besteht nicht darin, den Urheber eines Konflikts zu ermitteln, eine Lösung vorzugeben oder herauszufinden, wer im Recht und wer im Unrecht ist.

Ein Schüler in Brandenburg fasst sein Lernen folgendermaßen zusammen: »Wir haben in diesen Stunden gelernt, dass man nicht gleich losprügelt, sondern Konflikte mit Worten lösen kann.«

Das Mediationsverfahren vereinigt Theorien und Handlungsperspektiven aus verschiedenen Fachrichtungen, unter anderem aus der Psychologie, Pädagogik und der Kommunikationswissenschaft. Für einige Fälle sind Grundkenntnisse des Straf- und Zivilrechts notwendig. Diese stehen aber nicht im Vordergrund dieses Buches.

Lernen: Schritt für Schritt

Die wichtigsten Bausteine der Mediation sind in diesem Buch Schritt für Schritt in einer verständlichen Form erläutert und nach dem »A-B-C-Schema« geordnet. Dadurch können Sie sich die verschiedenen Bausteine viel leichter merken. Da Lernen nicht nur Lesen beinhaltet, sondern auch das Ausprobieren, sind einige Arbeitsblätter und Übungen zum Erproben und zur Reflexion beigefügt.

Mediation hat eine lange Tradition: Schon vor hunderten Jahren wurde beispielsweise in China Mediation als Mittel der Streitschlichtung in Gemeinden angewendet. In diesem Jahrhundert gab es Menschen in der Politik (Mahatma Gandhi, Rosa Parks, Martin Luther King jr.) und in der Wirtschaft (Mary Follett), die sich für gewaltfreie Methoden der Konfliktbearbeitung und Konfliktvermittlung eingesetzt haben. Außerdem existieren verschiedene soziale Bewegungen in den USA, wo Mediation als außergerichtliche Vermittlungsform im Justizsystem (beispielsweise: Scheidungsmediation bzw. Täter-Opfer-Ausgleich und Wiedergutmachung) und als wirksame basisdemokratische Maßnahme für Konfliktintervention und Gewaltprävention bei Umweltkontroversen, in Nachbarschaftszentren, in Unternehmen, Organisationen und Schulen bekannt geworden ist.

Als US-Amerikanerin befasse ich mich schon länger mit diesem Thema, da das Konzept in den USA bereits seit langem angewandt wird. 1996 erschien meine Dissertation zu dieser Thematik in Deutschland. Mit dem vorliegenden Buch möchte ich die Grundprinzipien der Mediation für viele zugänglich machen. Ich will Sie ermutigen, neue Wege zu suchen, mit Ihren Konflikten und zwischenmenschlichen Differenzen und Spannungen konstruktiv umzugehen.

Übrigens verwende ich überwiegend die übliche männliche Form. Dies soll einen Kompromiss für ein lesbares Buch darstellen. Selbstverständlich sind damit auch alle Frauen angesprochen! (Dieses Problem existiert nicht in meiner Muttersprache!)

Ich wünsche Ihnen viel Spaß, Mut und Kraft und natürlich viel Erfolg! Ich hoffe, dass dieses Buch wie ein Wegweiser durch eine spannende Entdeckungsreise wirken kann! Und nicht vergessen: Sie können immer aus Fehlern lernen! Nicht aufgeben!

Ein Buch kann einen lebendigen Erfahrungsaustausch nicht ersetzen – wohl aber Menschen auf den Weg der Mediation bringen! Für weitere Buchtipps und Informationen weise ich Sie auf die Literaturempfehlungen hin.

Falls Sie mir Kommentare zuschicken, bzw. sich einen Rat holen möchten, schreiben Sie mir bitte per E-Mail: DrDuly@aol.com. Wenn Sie etwas zu einem bestimmten Stichwort suchen, dann finden Sie ein Stichwortverzeichnis zum Buch auf meiner Homepage: http://www.members.aol.com/DrDuly

Ich bin neugierig auf Ihre Rückmeldungen und freue mich auf Ihre Erzählungen und Fragestellungen!

Shalom,

Dr. Duly

Mediation ist eine Kunst – und die Welt braucht viele gewaltfreie Künstler! Ich lade Sie alle zur konstruktiven Konfliktbearbeitung ein!

A zum Anfang und die »vier A's«: Allparteilichkeit, Akzeptanz, Anerkennung und Affirmation

Zuerst befassen wir uns mit den Voraussetzungen, die notwendig sind, um in Konflikten vermitteln und die Kunst der Mediation überhaupt praktizieren zu können. Wie bei allen Künsten benötigen Mediatoren bestimmte Fertigkeiten, um erfolgreich zu sein. Da Mediation eine interaktive Kunst der Konfliktregelung ist, erfordert sie soziales Geschick, zwischenmenschliche und emotionale Intelligenz.

Entscheidend in der Mediation ist die innere Haltung – nicht ein aufwendiges Lernen von »Rezepten«. Auf Englisch spricht man von »Empowerment«: auf Deutsch von »Kraft geben«, »Befähigung« oder »Ermutigung«. Im Gegensatz zum herkömmlichen Sinne der Konfliktaustragung als Kampf gibt es zum Schluss keine Gewinner und Verlierer oder Sieger und Besiegte, sondern es »gewinnen« alle Beteiligten.

Das Hauptziel der Mediation ist, Leute zu bekräftigen und zu befähigen, ihre eigenen Konflikte zu bearbeiten. Sogar wenn keine konkrete Lösung in Sicht ist, bietet eine Mediation die Gelegenheit, Kränkungen, Missstände und Meinungsunterschiede zu äußern und während dieses Prozesses selbst einen Konflikt zu entschärfen und einen Einstieg der Bearbeitung zu gewährleisten. Von daher ist es nicht nur wichtig, sich mit den einzelnen »Schritten« des Mediationsprozesses vertraut zu machen, sondern auch die notwendigen Grundlagen und das Fundament zu schaffen, auf dem eine Mediation wachsen und gedeihen kann.

Ein Mediator beschäftigt sich mit der unterschiedlich wahrgenommenen Realität, mit drängenden Befindlichkeiten und Beschwerden der Kontrahenten: Diese dritte Person hilft zwei Streitenden, ihren Konflikt selbst zu lösen, anstatt zu bewerten, zu beurteilen oder als Kontrollinstanz zu entscheiden, was richtig oder falsch ist.

Allerdings ist dies zu Beginn nicht leicht, da es die meisten Menschen anders kennen. Denken Sie beispielsweise an Ihre Schulzeit: Gab es einen Lehrer oder eine Lehrerin, der oder die Ihnen im Streitfall richtig zugehört hat? Aus verschiedenen Gründen springen Lehrkräfte öfters in die Rolle des Kontrolleurs oder Schiedsrichters und erteilen ein Urteil. Zum Beispiel:

> Zwei Jungs balgen sich auf dem Schulhof. Einer schreit, »Hör auf, du tust mir weh.« Der zuständige Lehrer nimmt beide auseinander und tadelt sie. Er kann nicht herausfinden, wer Schuld hat, und schimpft: »Wie ungezogen von euch, Jungs. Benehmt euch in der Zukunft oder ...« Der Schlusssatz beinhaltet eine Drohung, die die Jungen einschüchtern und zum zukünftigen Benehmen verhelfen soll.

Lassen Sie uns diese Szene einmal anders sehen:

> Der Lehrer kommt und fordert beide auf, das Schlagen zu unterlassen. Er fragt, ob der eine oder der andere verletzt ist. Wenn ja – muss er für erste Hilfe sorgen. Ansonsten bittet er beide zu einem Gespräch, nachdem sie sich beruhigt haben. Der Lehrer erklärt: »Ich will mit euch darüber reden, was los ist – in der großen Pause für zehn Minuten.«

> Wenn sie sich später treffen, fragt der Lehrer, ob sie ein paar Grundregeln für das Gespräch vereinbaren können und ob beide bereit sind, über den Vorfall zu sprechen und zu klären, was zwischen den beiden vorliegt. Beide sind bereit und der Lehrer legt los: Erst einmal fragt er jeden, was passiert ist. Nach jeder Aussage fasst er die Hauptbotschaft zusammen, spiegelt mit seinen eigenen Worten zurück an den »Sender«, um bestätigt oder korrigiert zu bekommen, wie er denjenigen verstanden hat ...

Mit dieser einfachen Prozedur bringt der Lehrer ans Licht, was beide Streithähne erlebten und wahrnahmen. Er erbringt auch den positiven Beweis, dass er wirklich zuhört und gleichzeitig beide annimmt und akzeptiert.

Die Voraussetzung, um als Mediator fungieren zu können, ist, zu lernen, andere Menschen in ihrer Art und Weise zu akzeptieren und anzuerkennen. Wir müssen weder die gleichen Meinungen teilen noch ihr Verhalten gutheißen. Dies mag banal klingen, aber es ist eine sehr komplexe Angelegenheit, wenn es wirklich darum geht, in verschärften Auseinandersetzungen so zu handeln.

Im alltäglichen Leben kommen des Öfteren »Dreier-Konstellationen« in Konfliktfällen vor. Auch in der Konfliktforschung erleben wir immer wieder verschiedene »Dreiecke«. Das Schwierige ist, dass die Rolle einer dritten Person oft ungeklärt bleibt. Komplizierter wird es dann, wenn der Dritte einem der Streitenden Rückhalt gibt, oder sich zu einem hingezogen fühlt oder wenn er einem unter Umständen etwas schuldet.

Menschen können so in Konflikte verwickelt werden, dass sie nicht mehr einschätzen können, wer überhaupt vertrauenswürdig ist. Eine Mauer von Feindseligkeiten kann von böswilligen und argwöhnischen Gegnern vorschnell aufgebaut werden, bevor überhaupt jemand die Zeit findet, zur Vernunft zu kommen und nachzufragen: Was ist eigentlich los?! Die sensationellen Schießereien von Gangstern und Mafiosi mögen raffiniert und abenteuerlich auf dem Bildschirm wirken, im realen Leben verkörpern sie wahres menschliches Versagen, Alpträume und Desaster. David Augsburger beschreibt, wie leicht sich Konflikte zwangsläufig durch eine Dreier-Konstellation vervielfältigen und verquicken. Mit hoher Geschwindigkeit werden neue »Komplizen« hineingezogen:

»Der Freund meines Freundes ist mein Freund.
Der Feind meines Freundes ist mein Feind.
Der Freund meines Feindes ist mein Feind.
Der Feind meines Feindes ist mein Freund.«
(Augsburger 1992, Seite 148)

Der Übergang zwischen den ersten und zweiten sowie zweiten und dritten Zeilen passiert oft all zu rasch. Wenn aufgedeckt wird, dass der Feind meines Feindes mein Freund ist, werden manche grüblerisch oder nachdenklich.

Ich bitte Sie, an das letzte Mal zu denken, als Sie selbst in einen Konflikt mit einer anderen Person verstrickt waren. Versuchen Sie sich an eine Situation zu erinnern, wo Sie einen Konflikt wegen etwas Konkretem wie zum Beispiel Meinungsunterschiede hatten. Wie ging es Ihnen dabei? – Welche Gedanken, Gefühle und Körperreaktionen haben Sie erlebt?

Übung

Denken Sie an einen Konflikt, der Sie in der letzten Zeit beschäftigte. Notieren Sie sich die Situation.

✎ _____

_____

_____

Versuchen Sie sich jetzt Folgendes vorzustellen: eine Person kommt Ihnen entgegen und sagt Ihnen, dass sie Ihnen helfen möchte, diesen Konflikt zu bearbeiten und eine Lösung zu finden.

Was brauchen Sie von dieser Person, um sich auf ihr Angebot einzulassen?

✎ _____

_____

_____

Was muss diese Person tun – sagen – beweisen usw.?

✎ _____

_____

_____

Denken Sie daran, wie Konflikte starke Gefühle wie Angst, Zorn und Enttäuschung erzeugen. Es ist nicht einfach, Leuten zu begegnen, die heftige, negative und nervenaufreibende Empfindungen gegeneinander äußern und dazu auf ihren unterschiedlichen Meinungen beharren.

Häufig kommen andere Leute zum »Richten«, »Beurteilen« oder »zum Partei ergreifen«. Jeder von uns hat höchstwahrscheinlich in der Schule erlebt, wie eine Lehrerin als die große »Kontrollinstanz« ins Klassenzimmer hineinrauscht, eine Auseinandersetzung unterbricht und die Beteiligten auffordert, aufzuhören und »sich zu benehmen«. Was passiert aber, wenn sich diese Person erst zurückhält, und – zurück zu Ihrem Beispiel – Ihnen einfach die Gelegenheit bietet, in aller Ruhe zu erzählen und Ihre Perspektive zu schildern? So fängt eine Mediation an – mit zwei Konfliktparteien.

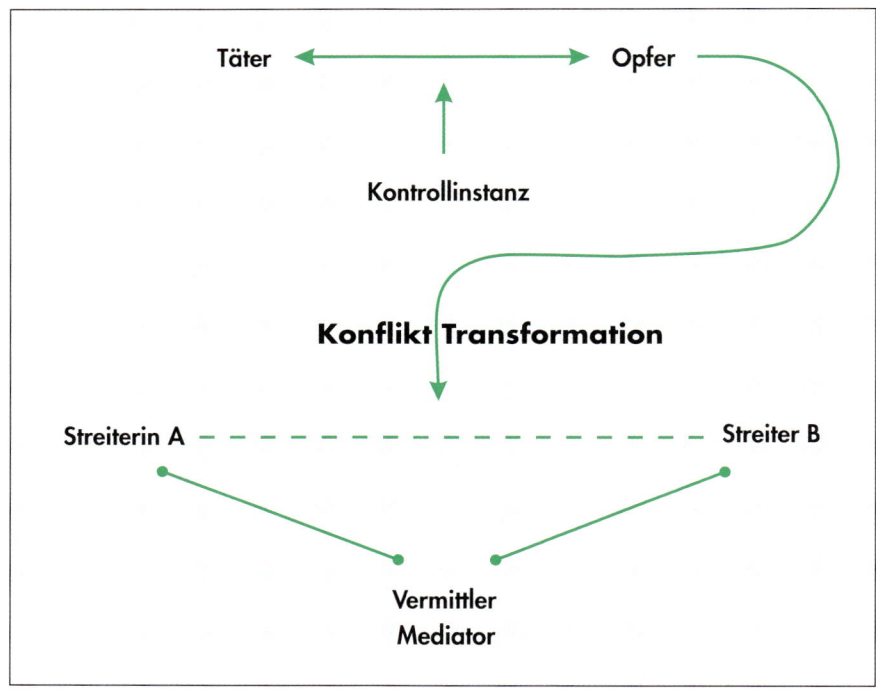

Ein Mediator schafft eine Atmosphäre innerhalb eines geschützten Rahmens und einer geschützten Umgebung, wobei die Konfliktparteien ihre Sichtweisen abwechselnd mitteilen können. Die fehlgelaufene Interaktion oder der aktuelle Streitstand wird aus beiden individuellen Perspektiven genährt, in der Hoffnung, das Problem oder den Konflikt zu bearbeiten. Um dies zu erreichen, gibt es die »vier A's«: **A**llparteilichkeit, **A**kzeptanz, **A**nerkennung und **A**ffirmation.

Allparteilichkeit

Akzeptanz

Anerkennung

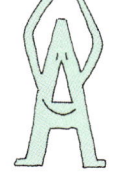

Affirmation

In der Psychologie, Pädagogik, Kommunikationswissenschaft und Soziologie gibt es zahlreiche Theorien von Experten zu diesem Thema.

Für diejenigen, die mehr über theoretische Grundlagen lesen möchten, siehe Nina L. Dulabaum: A Pedagogy for Cross-Cultural Conflict Transformation in Germany: The Development, Implementation and Assessment of Violence Prevention Training Seminars. 1996, Kapitel zwei und drei.

Beispielsweise schrieb der Psychologe Carl Rogers in den 70er-Jahren über die »Atmosphäre des Akzeptierens« als Grundlage für effektive »klientzentrierte Gesprächsführung«. Paulo Freires »Pädagogik der Unterdrückten« von 1970 befasst sich mit der grundsätzlichen Akzeptanz von Menschen und dem Anknüpfen an ihre Lebenssituation, -wissen und -realitäten. Ruth Cohns Themenzentrierte Interaktion (TZI) betont das Annehmen von Menschen, »wo sie sind«. Nach der TZI muss bei sozialen Begegnungen oder Seminaren das, was Menschen momentan sehr bewegt, im Vordergrund stehen und respektiert werden – sogar wenn dies eher wie eine »Störung« erscheint.

Thomas Gordon betont die helfende Grundhaltung von Akzeptanz:

> »Akzeptanz ist wie die fruchtbare Erde, die einem winzigen Saatkorn erlaubt, sich zu der schönen Blume zu entwickeln, zu der es die Anlagen besitzt. Akzeptanz ermöglicht einem Menschen, sein Potential zu verwirklichen. (…) Akzeptanz muss beim Gegenüber ankommen, muss empfunden werden. Das bedeutet, man muss seine Akzeptanz demonstrieren, sie aktiv vermitteln und offen mitteilen.« *(Gordon 1994, Seite 239)*

Unser Handeln und Verhalten spiegelt unser Menschenbild wider. Das bedeutet, dass das, was wir im Allgemeinen über andere Menschen gelernt haben und behaupten, meinen, denken oder vermuten, automatisch beeinflusst, wie wir mit unseren Mitmenschen umgehen. Ob wir das wollen oder nicht, und ob uns dies bewusst ist oder nicht – es passiert. Paul Watzlawick hat schon darauf hingewiesen: wir können nicht nicht kommunizieren (nachzulesen in: Watzlawick/Beavin/Jackson 1990, Seite 53).

Schon durch unsere Körpersprache übermitteln wir sehr viel Kommunikation. Experten schätzen, dass die nonverbalen Signale zwischen 60 und 80 Prozent der Kommunikation ausmachen. Was wir sagen, spielt natürlich auch eine Rolle, es wird aber immer in Verbindung mit dem

»Wie« der Formulierung wahrgenommen. Aus dem Reichtum von fachübergreifenden Theorien habe ich die »vier A's« als die einführenden Bausteine für die Praxis herausgearbeitet.

Die »vier A's«

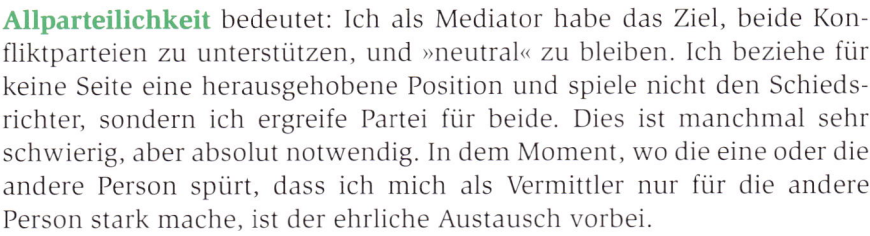

Allparteilichkeit bedeutet: Ich als Mediator habe das Ziel, beide Konfliktparteien zu unterstützen, und »neutral« zu bleiben. Ich beziehe für keine Seite eine herausgehobene Position und spiele nicht den Schiedsrichter, sondern ich ergreife Partei für beide. Dies ist manchmal sehr schwierig, aber absolut notwendig. In dem Moment, wo die eine oder die andere Person spürt, dass ich mich als Vermittler nur für die andere Person stark mache, ist der ehrliche Austausch vorbei.

Akzeptanz, der zweite Schritt, bedeutet die Fähigkeit, eine andere Person anzunehmen – mit ihren Schwächen und Stärken. Eventuell bin ich nicht mit allem einverstanden, trotzdem kann ich diese Person »als Mensch« annehmen und unterstützen.

Anerkennung zeigen lautet der dritte Schritt: Ich nehme diese Person nicht nur an, ich zeige ihr auch, dass ich sie würdige, respektiere und achte. Wie oben schon erwähnt, kommunizieren wir sehr viel durch das Nonverbale. Daher ist auch darauf besonders zu achten.

Vielleicht ist dies schwer vorstellbar? – Wie wichtig es ist, habe ich selbst bei verschiedenen Projekten erlebt. Um zum Beispiel zwei Jugendliche – einen jungen Skinhead und einen jungen Ausländer – letztendlich konfrontieren zu können (beispielsweise mit ihren gegenseitigen Gewaltvorstellungen und -androhungen), musste ich sie erst einmal als Mitmenschen akzeptieren und anerkennen. Ich musste ihnen zeigen, dass ich sie respektiere, ihre Würde achte und sie ernst nehme, obwohl ich mit ihren Mitteln der bisherigen Konfliktbewältigung (wie Gewaltandrohungen) nicht einverstanden war.

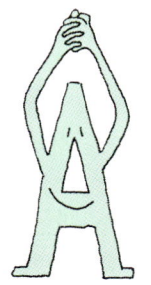

Affirmation: Last but not least brauchen Menschen Affirmation (positive Bestätigung). Dazu ist es notwendig, dass der Mediator in der Lage ist, andere Menschen zu bestätigen, sie ihre Meinungen äußern zu lassen und die folgende Botschaft zu übermitteln, die Thomas Harris vor über 30 Jahren geschrieben hat: »Ich bin o.k. – Du bist o.k.« (1973).

Zusammenfassung

Die ersten Voraussetzungen für alle Mediatoren bei der Vermittlung in Konflikten sind die Fähigkeiten und Fertigkeiten gegenüber den Kontrahenten:

1 **A**llparteilich zu bleiben und sie zu
2 **A**kzeptieren und anzunehmen,
3 **A**nzuerkennen und ernst zu nehmen sowie zu
4 **A**ffirmieren und zu bestätigen.

Was bedeutet dies konkret in der Mediation?

1. Allparteilichkeit

Was ich tue: Ich ergreife Partei für beide Seiten! Ich versuche eine neutrale Haltung aufrechtzuerhalten, und ermutige alle während der ganzen Mediation, ihre Meinungen und Empfindungen zu äußern. Ich betone Fairness und achte darauf, dass ich beiden die gleiche Zeit zum Erzählen einräume. Wenn eine Person schwächer ist, suche ich Wege, um diese Person zu stärken und ein Gleichgewicht herzustellen. Deswegen liegt der Akzent auf »allparteilich«, da ich manchmal »Partei ergreifen muss«, wenn ich aktiv versuche, ein Gleichgewicht beizubehalten. Dies tue ich für alle Parteien!

Was ich vermeide: Ich ergreife nicht ausschließlich für die eine oder die andere Seite Partei. Und ich moralisiere nicht. Beispielsweise sind Sätze zu unterlassen (verzichten Sie wirklich darauf!) wie: »Das hätten Sie nicht machen sollen;« »Sie sollten sich schämen!« »Das ist unmöglich von Ihnen …!« »Ist Ihnen das wenigstens peinlich?« oder »Sie wissen, dass alle Anderen über Sie lachen, wenn Sie so etwas anstellen!«

2. Akzeptanz

Was ich tue: Ich nehme beide bzw. alle Konfliktparteien an. Ich zeige, dass ich sie grundsätzlich als Menschen akzeptiere und unterstütze – beispielsweise durch Blickkontakt, Kopfnicken, andere Formen der Körpersprache und durch meine Wortwahl – positiv und verständnisvoll. Wenn ich nachfrage, stelle ich offene Fragen ohne abzuwerten. Zum

Beispiel: »Moment mal, könntet ihr mir bitte sagen, was los ist? – Langsam, einer nach dem Anderen!«

Was ich vermeide: Ich beurteile nicht und ich erteile keine Schuldzuweisungen oder Vorwürfe. Ich treffe keine persönlichen Abwertungen. Zum Beispiel: »Sie können offensichtlich nicht mehr denken!« »Sind Sie so dumm geworden?« oder »Sie schaffen nichts alleine – Sie verursachen nur Probleme.«

3. Anerkennung

Was ich tue: Ich spreche beide Streitparteien mit Würde und Respekt an. Ich biete beiden die Möglichkeit, ihre Sichtweise abwechselnd zu schildern. Ich zeige, dass ich beide ernst nehme. Beispielsweise betone ich, dass ich es für sehr wichtig halte, beide Meinungen zu hören, und gebe beiden nonverbale Unterstützung durch Laute wie »mmm« oder »ah-ha«.

Was ich vermeide: Ähnlich wie bei der Akzeptanz vermeide ich abwertende Aussagen. Beispielsweise »alte Kamellen« – Formulierungen, die auf vergangenes Versagen hinweisen und »katastrophieren« oder die Tatsache verschlimmern. Zum Beispiel: »Sie haben/sind schon früher …;« »Von klein auf waren Sie …;« »Bereits neulich habe ich Ihnen gesagt …;« oder »Können Sie nicht einmal etwas richtig machen?«

4. Affirmation

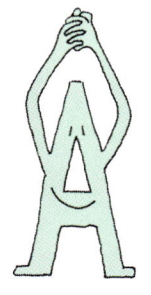

Was ich tue: Ich gehe sehr achtsam mit den Personen um. Ich zeige durch meine Körpersprache, dass ich beide bestätige. Nach jeder Aussage fasse ich das Gesagte zusammen und frage eventuell nach, ob ich dies richtig gespiegelt habe oder ob es noch etwas zu ergänzen gibt. Beispielsweise fördere und animiere ich beide, zu erzählen, indem ich nicht nur aufmerksam, sondern auch »einfühlsam und aktiv« zuhöre: »Habe ich richtig verstanden, dass es Ihnen dabei um … ging?« oder »Ich sag es mal mit meinen Worten … Stimmt das?« oder »Aus Ihrer Stimme entnehme ich, dass …«

Es gibt zahlreiche Techniken beim »Aktiven Zuhören«: Beachten und Bestätigen, Ermutigen, Klarstellen, Wiederholen oder »Echoantworten«, Spiegeln, Zusammenfassen usw. Zum »fortgeschrittenen Zuhören« gehören weitere Techniken wie zum Beispiel das Spiegeln von Gefühlen: »Ich höre, dass Sie sehr verletzt sind und möchte Ihnen helfen, an einer

Lösung des Konflikts zu arbeiten …;« bzw. eine Art der paradoxen Intervention, wobei wir beispielsweise das Gegenteil von den unterschwelligen Gefühlen zum Ausdruck bringen, um Widerspruch zu reizen: »Geht es Ihnen gut, wenn Sie beleidigt und verletzt werden?« (ohne Ironie!). – Achtung: Die paradoxe Intervention muss vorsichtig angewendet werden!

Darüber hinaus bin ich als Mediator ein Vorbild für die Anwendung von »Ich-Botschaften« oder »Ich-Aussagen«. Ich rede von mir selbst und fordere jede Partei heraus, für sich selbst zu sprechen.

Siehe auch:
S – Spiegeln,
T – Techniken der
    Gesprächsführung und
Z – Zuhören.
In Kapitel C erhalten Sie weitere Informationen über die Ich-Botschaften.

Was ich vermeide: Ich unterlasse Beschuldigungen, Verhöre und Fragestellungen wie: »Was haben Sie sich dabei gedacht?!« Ich biete keine Ratschläge: »Machen Sie doch einfach …;« »Lassen Sie es!« oder »Da müssen Sie doch nur …« Außerdem spiele ich die Empfindung meines Gegenübers nicht herunter bzw. leugne sie. Zum Beispiel: »Lachen Sie doch drüber …« oder »Als mir etwas Ähnliches passiert ist, habe ich einfach dies oder jenes … gemacht.«

Um die **»vier A's«** zu »meistern«, müssen wir die so genannten (in der Literatur häufig beschriebenen) »Abblocker«, »Straßensperren« oder die »Sprache der Nichtannahme« vermeiden und sie uns abgewöhnen. Das heißt, wir sollten versuchen, Befehle, Anweisungen, Drohungen, Predigten, Beschimpfungen, Kritik, Diagnosen, Analysen, Interpretationen, Infragestellungen, Bagatellisieren, Moralisieren und Ablenkungen zu unterlassen. Diese Kommunikationsformen beziehen sich nämlich auf eine inhaltliche Ebene und transportieren allerdings meist heftige und destruktive Botschaften auf der Beziehungsebene. Zum Beispiel: »Sie sind gering im Vergleich zu mir«, »Ich nehme Sie nicht ernst«, »Sie sind unfähig, alleine Ihre Probleme oder Konflikte zu lösen«, »Sie sind dumm, schlecht oder ohnmächtig«, »Sie sind schuldig« oder »Ich finde Ihre Sachen banal und unwichtig«. Solche mitschwingenden, aber verdeckten Rückmeldungen sind wie Gift für einen konstruktiven Dialog.

Zur Vertiefung können Sie lesen: Dulabaum 1996, Gordon 1993, Hagedorn 1994.

Wenn wir ständig auf die Uhr schauen, gähnen, nicht aufmerksam sind, merkt unser Gegenüber gleichfalls, dass wir nicht bei der Sache sind. Ein anderer Fehler ist, wenn wir »mystifizieren« und sehr viel mehr »zwischen den Zeilen« hören, als eigentlich vorhanden ist. Dies wird auch als »psychologisieren« bezeichnet, wobei wir viele Fragen stellen, die nicht direkt etwas mit dem Gesagten zu tun haben, bzw. unserem Gegenüber »in den Mund reden«, oder erraten, was unser Gegenüber eigentlich tiefsinnigerweise »meint«. Wichtig ist jedoch, die Gefühle, Sachverhalte und menschlichen Bedürfnisse zu spiegeln, nicht zu übertreiben und mehr daraus zu machen.

Das Zuhören ist eine Grundlage bei der Erfüllung der »Vier A's«. Schon die Kunst, »aufmerksam zuzuhören« muss erlernt und geübt werden. Im Mediationstraining gibt es eine Fülle von Übungen, die darauf zielen, Menschen zu befähigen, Superzuhörer zu werden. Leider sind sich die meisten von uns nicht bewusst, wie wichtig das Zuhören als handwerkliches Können in der Konfliktvermittlung und Mediation sein kann, geschweige denn, dass wir selber erlebten, wie jemand richtig zuhörte, ohne gleich die eigene Meinung einfließen zu lassen.

Es gibt sehr unterschiedliche Ausgangslagen bei Menschen, wenn es darum geht, einfühlsam und empathisch zuzuhören und ebenso zu handeln. Unsere erste wichtige Urerfahrung liegt in der Kindheit. Stern, ehemals Psychiater an der Cornell Medical School nennt den Vorgang, wie Babys erfahren, dass ihre Emotionen mit Empathie aufgenommen, akzeptiert und erwidert werden: »Abstimmung«. Es ist mehr als eine nüchterne Nachahmung, sondern eine grundlegende Lektion der Gefühlsschulung für kleine Wesen. Babys, die positive Verstärkung, Zuwendung und liebevolle Abstimmung erleben, lernen automatisch viele emotionale Kompetenzen. Eine Fehlabstimmung wirkt zwischen Eltern und Kind zutiefst verstörend. Eine Untersuchung des Psychologen Robert Prentky unter Kriminellen aus Philadephia weist darauf hin: Die grausamsten und gewalttätigsten Verbrecher wurden in ihrer Kindheit emotional vernachlässigt und beispielsweise von Pflegestelle zu Pflegestelle hin- und hergeschoben.

Goleman geht auf Prentky's Untersuchung über die Kindheit von Vergewaltigern ein.

Mediatoren werden also mit einem großen Spektrum von vorhandenen Streitfähigkeiten konfrontiert. Mit den »vier A's« stellen wir eine konstruktive Art und ein Vokabular zur Verständigung vor.

Checkliste für die Umsetzung der »vier A's«

Fragen Sie sich stets:

- ❑ Welche Körperhaltung nehme ich ein?
- ❑ Mit welcher Tonlage rede ich?
- ❑ Habe ich Augenkontakt zu meinem Gegenüber?

Achten Sie darauf, wie Sie Ihr Gegenüber beim Erzählen unterstützen. Demonstrieren bzw. signalisieren Sie Ihre Akzeptanz und Anerkennung durch Ihre Körpersprache und nonverbale Zeichen. Dies geschieht durch Tonlage der Stimme, Gesichtsausdruck, Gestik, Augenkontakt, Körperhaltung, unterstützende Äußerungen wie »mmm« oder »ah-ha«. (Solche Äußerungen sind unterschiedlich je nach Kultur, Region, Alter und Umgangssprache.)

Fragen Sie sich also:

- ❑ Rede ich in einer Art und Weise, dass mein Gegenüber mich versteht? (Tempo)
- ❑ Benutze ich Worte, die er oder sie anwendet?

Achten Sie darauf, wie Sie das Gesagte ausdrücken. Wählen Sie Ihre Worte möglichst wertfrei auf dem Niveau Ihres Gegenüber.

Überlegen Sie sich:

- ❑ Habe ich die Gefühle auch geachtet, zusammengefasst, und wenn möglich, nachgefragt, ob ich alles richtig verstanden habe? Zum Beispiel: »Ich habe verstanden, dass es Ihnen nicht gut ging und dass Sie sich verletzt und enttäuscht fühlen. Stimmt das?«
- ❑ Ohne zu übertreiben oder zu dramatisieren, zeige ich meinem Gegenüber, dass ich mich bemühe, seine Emotionen zu verstehen, sogar wenn er Schwierigkeiten hat, sie selbst auszusprechen.

Achten Sie auf Ihre emotionale Intensität und Ihr Einfühlungsvermögen. Versuchen Sie, nicht nur das Verbale, sondern auch das Nonverbale zu spiegeln.[1]

---

[1] Bei Kursen für Fortgeschrittene in der Mediation wird das Zusammenfassen oder Spiegeln von versteckten Gefühlen sehr intensiv geübt.

❏ Stelle ich immer wieder offene Fragen zur Klärung, wenn unangenehme Vorwürfe oder Unterstellungen geäußert werden? Zum Beispiel: »Sie haben gerade gesagt, dass Sie nicht mehr mit ihm arbeiten, wenn er sich weiter so verhält.« (In diesem Fall erst die Gefühle spiegeln und dann nachfragen.) »Ich entnehme dem, dass er Sie sehr verletzt hat, stimmt das?« ... »Könnten Sie mir bitte sagen, wie es Ihnen geht und worum es für Sie jetzt momentan geht?«

Achten Sie auf die erzählten Fakten, Gefühle und Auslegungen oder Deutungen – die wesentlichen Punkte beispielsweise bei Vermutungen oder Unterstellungen. Leute wollen verstanden und ernst genommen werden. Achtung: Sie müssen allerdings nicht alles spiegeln, vor allem keine Gemeinheiten. Am besten ist, solchen Äußerungen durch offene neutral formulierte Fragen zur Klärung zu verhelfen.

Bedenken Sie:

❏ Setze ich das Spiegeln ständig fort und bemühe ich mich stets, mich in die Lage des anderen hineinzufühlen und kurze, offene Fragen zu stellen?

Achten Sie bei Rückfragen darauf, dass Sie an den ursprünglichen Aussagen mit Einfühlungsvermögen anzuknüpfen versuchen. Zum Beispiel: »Dies hört sich sehr verletzend an, könnten Sie bitte schildern, wie es Ihnen dabei ergangen ist?« Und beachten Sie: Am Anfang eher offene und einfache – nicht geschlossene Fragen – stellen. Beispielsweise »Könnten Sie bitte noch mehr dazu sagen, was der Kommentar bei Ihnen ausgelöst hat?« statt »Waren Sie verletzt oder sauer?«

Achten Sie darauf, wenn jemand etwas wiederholt: Dies ist ein Zeichen dafür, dass die Person sich noch nicht ganz verstanden fühlt.

Denken Sie daran:

❏ Wiederholen ist ein Signal für mich, diesen Inhalt behutsam und deutlich zusammenzufassen.
❏ Ich muss mich bemühen, fair zu sein und die gleiche Zeit und gleiche Bedingungen für beide Gesprächspartner einzuräumen, wenn ich zwischen zwei Streitenden vermittle.

Achten Sie in einer Mediation oder in einem Streitgespräch mit zwei Menschen darauf, dass Sie beiden Personen das gleiche Maß an Aufmerksamkeit und Bestätigungen schenken, sonst fühlt sich eine Partei vernachlässigt.

Übung zum Erproben

Das nächste Mal, wenn Ihr Kind, Ihr Partner, ein Freund oder Bekannter über ein Problem, eine Schwierigkeit, Verletzung oder einen Konflikt redet, probieren Sie folgende Reihenfolge aus:

1 Hören Sie der Person genau zu und fragen Sie nur »Worum geht es?« und absolut nicht mehr. Konzentrieren Sie sich genau auf das, was diese Person sagt. Zeigen Sie, dass Sie zuhören. Sie können durch Mimik, Gestik, Augenkontakt und Körperposition schon deutlich machen, dass Sie genauer hinhören. Tun Sie dies aber »echt« – Schauspielerei ist nicht angesagt. Sicherlich können Sie sich am Anfang ein bisschen komisch vorkommen, aber denken Sie daran, dass es unbedingt notwendig ist, genau verstehen zu können, was diese Person erzählt und sich in ihre Lage versetzen zu können.

2 Nach einigen Minuten fassen Sie das Gesagte in Ihren eigenen Worten zusammen: »Den Konflikt habe ich so verstanden ...« Oder »Was ich verstanden habe, ist ..., Stimmt das so?« Wiederholen Sie dies, bis Ihr Gegenüber alles erzählt hat, was auf seinem Herzen liegt. Die aufgeführten Fragestellungen sind nur Vorschläge – wenn Sie meinen, dass sie nicht passend sind, dann versuchen Sie, Ihre eigene geeignete Formulierung zu finden. Auf jeden Fall ist das Ziel, dies wirklich »echt« zu machen. Unterbrechen Sie Ihr Gegenüber auf keinen Fall, erzählen Sie nicht über ähnliche Gefühle, Probleme oder Konflikte aus Ihren Erfahrungen. Jetzt ist nicht die Zeit, über Ihre Erfahrungen zu reden oder Ihre Weisheiten zu unterbreiten.

3 Wenn die Person dann von sich aus nicht mehr erzählt, fragen Sie: »Wie ging oder geht es dir dabei?« Oder, wenn die Person ihre Gefühle schon offenbart, fragen Sie sinngemäß: »Habe ich das richtig gehört, dass du dich ... gefühlt hast?« Warten Sie dann. Geben Sie Ihrem Gegenüber Zeit zu überlegen und zu antworten, ohne dass Sie »dazwischenfunken«. Weil dies vorerst eine Übung ist, können Sie sich durchaus komisch oder künstlich vorkommen. Probieren Sie, diese Gefühle einfach anzunehmen, und konzentrieren Sie sich darauf, die passenden Worte für diese entsprechende Situation auszuwählen.

4 Wenn die Person Ihnen den Sachverhalt des Konflikts oder Problems und ihre begleitenden Gefühle und Empfindungen geschildert hat, und nichts mehr sagt, können Sie dann fragen: »Was willst du?« bzw. »Was wünscht du dir?« Oder anders formuliert: »Stell dir mal vor, du bist jetzt der Regisseur, und du kannst diese Szene weiterentwickeln, wie du willst – was würdest du schreiben?«

5 Wie oben im zweiten Schritt bereits beschrieben, fassen Sie das Gesagte kurz in Ihren eigenen Worten zusammen: » Am liebsten hättest du gerne …«, »Wenn ich richtig verstehe, würde dein Drehbuch die Szene so vorsehen …« Nachdem Ihr Gegenüber Zeit hat, sich dieser Frage zu widmen, können Sie noch fragen: »Gibt es irgendetwas, was du jetzt machen könntest? Beispielsweise: welchen (kleinen) Schritt gibt es auf dem Weg zu deiner Idealvorstellung, den du jetzt machen könntest?« (Sie können Ihrem Gegenüber jetzt kurz erzählen, dass Sie gerade versucht haben, genauer hinzuhören und wissen wollten, wie dies bei ihm oder ihr angekommen sei. Warnung: Sagen Sie dies sorgfältig. Sie wollen nicht, dass sich diese Person als Versuchskaninchen vorkommt!)

Hinterher, wenn Sie allein sind und einige ruhige Minuten für sich haben, überdenken Sie Folgendes:

Diskussion mit sich selbst und Rekapitulation

❖ Wie ging es mir dabei? (Was habe ich gespürt und gedacht?)
❖ War dies schwierig oder leicht? (Das heißt: Fiel es mir schwer oder leicht, mich an den Leitfaden zu halten?)
❖ Wie war dieser »Austausch«? (Habe ich den Eindruck gehabt, dass es etwas gebracht hat?)
❖ Was hat mein Gegenüber am Ende gesagt?
❖ Hat er oder sie gesagt, ob dies hilfreich war?
❖ Was meine ich, wie genau höre ich normalerweise zu? (Ist es üblicher, dass ich aus meiner eigenen Erfahrung erzähle bzw. weitere Fragen über Sachen stelle, die ich nicht verstanden habe?)

Nachdem Sie die oben genannten Fragen für sich beantwortet haben, ist es sinnvoll, weiter zu reflektieren.

Die meisten Menschen erleben diese Übung sehr unterschiedlich. Manche empfinden sie als angenehm – Andere behaupten, dass sie eher künstlich sei. Wichtig ist dabei, zu schauen, wie geht es mir selbst beim Zuhören und beim gezielten Nachfragen. Ich frage nämlich nicht nach dem, was mich gerade interessiert oder unklar ist, sondern ich frage nach in einer Art und Weise, welche die erzählende Person unterstützt. Meine Neugier wird geweckt – eventuell aber noch nicht gestillt.

Übung

Mit der nächsten Übung kann jeder lernen, wo seine Stärken und Schwächen in der eigenen Kommunikation liegen. Machen Sie sich Ihre Gedanken:

❖ Höre ich gerne zu?

✎ _____

_____

_____

❖ Wie viel Geduld und Konzentration kann und will ich in einem Gespräch aufbringen?

✎ _____

_____

_____

❖ Was fällt mir leicht und was fällt mir schwer?

✎ _____

_____

_____

❖ Was würde mir helfen, besser und effektiver zuzuhören?

✎ _____

_____

_____

❖ Das nächste Mal, wenn ich mich in einer Situation des Zuhörens befinde, versuche ich …

✎ _____

_____

_____

Sie haben jetzt geübt, einer anderen Person »aktiv« und »einfühlsam« zuzuhören, ohne gleich Ratschläge zu erteilen, zu bewerten oder zu beurteilen. Dies wird in der Fachliteratur als die Kunst des »Aktiven Zuhörens« oder »Spiegelns« bezeichnet. Genauso ist der Ansatz bei dem

Einstieg in das Mediationsverfahren: die Konfliktparteien zu unterstützen und zu ermutigen, ihre Geschichten oder Sichtweisen zu erzählen und dabei nicht nur »die Sache«, sondern auch ihre Gefühle und Befindlichkeiten zu offenbaren. Das heißt: Sie haben gerade das Anfangsstadium einer Mediation erprobt.

Bei einem Vermittlungsgespräch mit der üblichen Mindestzahl von zwei Streitenden geht es nicht darum, den Konfliktparteien gleich zu helfen, indem wir die Regie übernehmen und ihnen sagen, was sie zu tun haben bzw. wer im Unrecht und wer im Recht ist. Es geht auch nicht darum, als »allwissende Autorität« dazustehen und entsprechend zu intervenieren. Bei der Mediation handelt es sich um einen Prozess des Mitteilens, Erkennens und schließlich der Bearbeitung und Lösungsfindung.

Letztendlich hat die Umsetzung der »**vier A's**« in der Mediation zur Folge:

❖ Eine angenehme und sichere Atmosphäre zu schaffen, wobei beide Streitenden sich entspannen können, sich aufgenommen fühlen, Stress abbauen können und sich auf das Wesentliche konzentrieren.
❖ Eine konstruktive Beziehung oder einen »Rapport« mit allen Beteiligten zu fördern und sich Respekt und Achtung entgegenzubringen.
❖ Alle Konfliktparteien zu akzeptieren, anzuerkennen und zu affirmieren als Mitmenschen, egal welcher Glaubensrichtung oder Kultur sie angehören, welche Worte sie wählen oder wie sie sich verhalten. (Natürlich müssen sich alle an die Grundregeln halten. Dies wird in Kapitel C behandelt.)
❖ Die Essenz des Gesagten durch Zusammenfassen oder Spiegeln anzunehmen.
❖ Darüber hinaus die Gefühle der Menschen als Ereignisse und Ausdrücke ihres Daseins anzunehmen, statt sie im moralischen Sinn als »schlecht« oder »gut« zu bemessen oder zu zensieren.

Sie sind mit der Grundhaltung der »**vier A's**« so weit, dass Sie die Betroffenen im Konfliktfall ansprechen können, um ihr Einverständnis für eine Mediation einzuholen und beide zu ermutigen, an diesem Prozess teilzunehmen. Aber bevor wir uns mit dem Mediationsverfahren genauer auseinander setzen, gibt es einen wichtigen und grundsätzlichen »**B**«-Baustein, den Sie vorab kennen lernen müssen: die **B**ewahrung der zwischenmenschlichen **B**eziehungen.

B Bewahrung der zwischenmenschlichen Beziehungen

Zwei Leute auf der Arbeit stellen gerade fest, dass sie einen Konflikt haben.

Person A teilt mit:	»Das kann doch nicht Ihr Ernst sein!«
Person B erwidert:	»Natürlich!«
Person A meint:	»Ist aber nicht o.k. Wie sollte das überhaupt funktionieren?«
Person B antwortet:	»Überlassen Sie dies mir!«
Person A stellt fest:	»Nein. Damit will ich nichts zu tun haben. Wenn es so ist, dann haben Sie nichts bei mir zu suchen.«
Die Tür knallt zu.	

Worum geht es? Das wissen wir nicht. Aber eins ist gleich klar: Beide streiten sich, weil ihnen etwas wichtig ist. Konflikte entstehen zwischen Menschen, die etwas voneinander wollen. Deshalb deutet ein Streit oder ein Konflikt zwischen zwei Leuten darauf hin, dass die zwei Menschen auf jeden Fall eine Verbindung oder Beziehung zueinander haben (sonst würden sie sich nicht streiten). Normalerweise bringen wir uns nur ein und sind hoch motiviert, unsere Meinungen zu äußern bzw. etwas zu klären und richtig zu stellen, wenn uns entweder eine Person oder eine Sache sehr interessiert und uns betrifft.

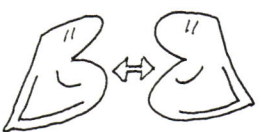

Demzufolge ist es bei einer Mediation wichtig, die zwischenmenschlichen Beziehungen zu erhalten, um zwei Leute zu unterstützen, ihren Konflikt »miteinander« statt »gegeneinander« anzugehen. Wir müssen dabei das gesamte Geschehen entschärfen oder deeskalieren. Es gibt natürlich auch Fälle, in denen Konflikte sichtbar gemacht werden müssen. In solch einem Fall verschärfen wir, bevor wir etwas lösen können: Wenn eine ungeheure Spannung deutlich zwischen zwei Mitarbeitern zu spüren ist, und dies ihre Arbeit beeinträchtigt, beide aber Stillschweigen bewahren. Es gibt auch Fälle, in denen Leute verfeindet bleiben (wollen)

und trotzdem ihren Konflikt austragen und Lösungen suchen (zum Beispiel bei Scheidungen).

Ich beziehe mich jetzt aber auf allgemeine Situationen, in denen es zwei Streitende und üblicherweise zwei unterschiedliche Sichtweisen gibt, wobei wir dann den beiden Seiten helfen, diese zu erklären. In diesem Zusammenhang ist die Bedeutung der zwischenmenschlichen Beziehung nicht zu unterschätzen: Die Bewahrung einer Haltung des Respektes und der Toleranz füreinander ist eine Hauptvoraussetzung für eine erfolgreiche Mediation.

Es gibt ein berühmtes Klischee: Liebe kann schnell in Hass umschlagen. Dies ist wirklich nicht weit hergeholt. Wenn zwei Menschen sich lieben und gerne haben, und der eine oder andere verletzt oder enttäuscht wird, kann sich diese Liebe unter verschärften Umständen in Hassempfindungen verwandeln. Genauso kann es im alltäglichen Leben mit Kollegen und Freunden ablaufen: Eine Person hat großes Vertrauen zu jemandem, wird plötzlich von einer Aussage oder Verhaltensweise negativerweise überrascht und fühlt sich verletzt. Die Verletzung steigert sich eventuell in ein Wutgefühl und Ärger. Die Wutspirale wächst und wie bei einem aufziehenden Tornado schaukeln sich die Gefühle höher und höher und werden intensiver und »heißer«.

Es kann auch sein, dass diese ursprünglichen Empfindungen aus der Sicht der Betroffenen zusätzlich durch weitere Provokationen bestätigt werden. Dies führt dazu, dass man »rot« sieht, und sich innerlich noch mehr und mehr ärgert. Je nachdem, wie hoch die Schwelle zum Wutausbruch liegt, und wie schnell der individuelle Stimmungswandel erfolgt, werden einige Leute voreilig ausgesprochen sauer und andere reagieren eher irritiert. Auf jeden Fall gibt es einen Beziehungsbruch und zumindest einen Grad der Entfremdung. Wenn beide Betroffenen versuchen, über »die Sache« zu reden, kommen sie leider nicht auf einen gemeinsamen Nenner, da beide »die Sache« ganz anders erlebt, wahrgenommen und verstanden haben.

Bleiben wir bei diesem allgemeinen Beispiel. Eine Konfliktbearbeitung setzt eine Art Zusammenarbeit voraus: Beide müssen einverstanden sein, dass ein Mediator hinzukommt, um diesen Konflikt zu vermitteln. Das heißt, gleich von Beginn eines Mediationsprozesses an bauen wir als Mediatoren eine Basis zur Kooperation zwischen den Kontrahenten auf, um sowohl konstruktive Kommunikation in Gang zu bringen als auch letztendlich eine Vereinbarung zwischen beiden zu ermöglichen. Wie schon im ersten Kapitel beschrieben worden ist, dienen die »vier A's« als Richtlinien für einen gelungenen Einstieg und eine Anleitung in eine konstruktive Kommunikation. In der Tat bedeutet es häufig viel Arbeit, da die Streitenden in erster Linie auf ihrem Recht beharren wollen und nicht im Sinn haben, sich anzustrengen, um einander zuzuhören, gemeinsam eine Aufgabe zu bewältigen und ein Ziel anzustreben.

Vgl. Watzlawick/Beavin/
Jackson [9]1996

Schon vor über 20 Jahren haben die Kommunikationsexperten Watzlawick, Beavin und Jackson von den zwei Ebenen der Kommunikation geschrieben. Bei der Vermittlung in Konflikten sind diese zwei Ebenen von großer Bedeutung:

1. Die »Sach-« oder »inhaltliche Ebene« und
2. die »Beziehungsebene«.

Beide Ebenen sind wichtig, um zwischenmenschliche Beziehungen zu bewahren und zu fördern. Sie wirken wechselseitig aufeinander. Ein Beispiel zur Verdeutlichung: Wenn ein Kollegenkreis gespalten ist und einige Mitarbeiter Standpunkt »X« vertreten im Gegensatz zu dem Rest, der »Y« inhaltlich befürwortet, wird gegenseitig oft polarisiert und sanktioniert. Wer nicht die gleiche Meinung teilt, wird automatisch auf der Beziehungsebene missachtet.

Umgekehrt wird die Kommunikation, wenn reale Verletzungen oder auch Vermutungen und Unterstellungen vorhanden sind, einschließlich aller Sachverhalte von diesen »Vorinformationen« bzw. »Vorerlebnissen« beeinflusst. Einfacher gesagt: Eine schöne Erfahrung sowie emotionaler Schmerz haben eine starke Wirkung auf unsere Kommunikation mit anderen. Denken Sie an einen Ihrer besten Freunde: Wenn Sie sich verabreden, erwarten Sie Spaß oder Enttäuschung? Jetzt denken Sie bitte an eine Situation, in der Sie persönlich sehr verletzt wurden. Können Sie sich vorstellen, dass dieses Erlebnis Ihre Wahrnehmung danach geprägt hat? Die Wahrnehmung einer verletzten Person kann so sehr »gefärbt« sein, dass sie nicht mehr in der Lage ist, unbefangen auf einer inhaltlichen Ebene zu diskutieren oder »sachlich« zu agieren.

Watzlawicks Geschichte über den Mann mit dem Hammer bringt dies auf einen Punkt:

> »Ein Mann will ein Bild aufhängen. Den Nagel hat er, nicht aber den Hammer. Der Nachbar hat einen. Also beschließt unser Mann, hinüberzugehen und ihn (den Hammer; Anm. d. A.) auszuborgen. Doch da kommt ihm ein Zweifel: Was, wenn der Nachbar mir den Hammer nicht leihen will? Gestern schon grüßte er mich nur so flüchtig. Vielleicht war er in Eile. Aber vielleicht war die Eile nur vorgeschützt, und er hat etwas gegen mich. Und was? Ich habe ihm nichts angetan; der bildet sich da etwas ein. Wenn jemand von mir ein Werkzeug borgen wollte, *ich* gäbe es ihm sofort. Und warum er nicht? Wie kann man einem Mitmenschen einen so einfachen Gefallen abschlagen? Leute wie dieser Kerl vergiften einem das Leben. Und dann bildet er sich noch ein, ich sei auf ihn angewiesen. Bloß weil er einen Hammer hat. Jetzt reicht's mir wirklich. – Und so stürmt er hinüber, läutet, der Nachbar öffnet, doch noch bevor er (der Nachbar; Amn. d. A.) »Guten Tag« sagen kann, schreit ihn unser Mann an: ›Behalten Sie sich Ihren Hammer, Sie Rüpel!‹« *(Aus: Watzlawick 1983, Seite 35 f.)*

Der Mann hat sich die Realität so hingebogen, und ist so intensiv in seine negativen Spekulationen und Vermutungen eingestiegen, dass er »explodierte«, bevor sein Nachbar überhaupt ein Wort sagen konnte. Seine Verzerrung der Realität fängt in der Beziehungsebene an und weitet sich in die Sachebene aus. Wenn wir ganz ehrlich sind: Wie oft lassen wir unser eigenes Verhalten von solchen zusammengesponnenen destruktiven Andeutungen oder Verdächtigungen diktieren?

Friedemann Schulz von Thun (1981) hat die Sendung von Botschaften weiter aufgeteilt und in vier »Frequenzen« erfasst.

Die zwei oder vier Ebenen der Kommunikation zu betrachten ist aber nicht das entscheidende in der Mediation. Wesentlich ist das Bewusstsein dafür zu schärfen, welch verschiedenartige Botschaften eine Kommunikation beinhalten kann, gekoppelt mit den vielzähligen Wahrnehmungs- und Interpretationsmöglichkeiten des Empfängers.

Wie schon im ersten Kapitel vorgestellt, übertragen die »vier A's« auf der Beziehungsebene folgende Botschaften:

Inhalts- oder Sachebene	Beziehungebene (Beispiele)
Allparteilichkeit	Sie sind o.k.! Ich unterstütze Sie und werde Sie bestärken. Ich höre Ihrer Seite genau zu.
Akzeptanz	Ich akzeptiere Sie und bin nicht gegen Sie. Egal, was Ihr Gegenüber sagt, respektiere ich Sie und zeige Ihnen Verständnis.
Anerkennung	Was Sie zu sagen haben, interessiert mich und ist sehr wichtig. Sie haben das Recht, Ihre Meinung zu äußern und auch zu verteidigen. Sie sind vertrauenswürdig.
Affirmation	Ich schenke Ihnen immer wieder Aufmerksamkeit und bin nach wie vor an Ihrer Sache interessiert. Ihre Gefühle sind in Ordnung und nicht »verboten«. – Es geht jetzt darum, wie Sie mit ihnen umgehen und wie Sie sich verhalten. Sie haben eine Wahl und ich traue Ihnen eine gute Entscheidung zu! Wenn Sie meinen, dass Sie einen Fehler gemacht haben, lernen Sie etwas daraus! Alle Menschen machen Fehler!

Im Gegensatz dazu gibt es die so genannte »Sprache der Nichtannahme«. Kommunikationssperren oder Abblocker auf beiden Ebenen der Kommunikation sehen so aus:

Inhalts- oder Sachebene	Beziehungsebene (Beispiele)
Befehle und Anweisungen	Sie sind gering (ich nicht). Ich respektiere Ihre Sichtweise nicht und will meine Zeit nicht vergeuden. Ich bin viel fähiger als Sie.
Drohung	Ihre Gefühl nehme ich nicht wahr. Sie sollten mir gehorchen. Ich bin Ihnen nicht wohlgesonnen. Es ist mir egal, ob ich Sie verletze.
Predigen, Moralisieren	Sie sind unfähig … Ich muss Ihnen das »Richtige« beibringen. Offensichtlich brauchen Sie Hilfe.
Beurteilen und Beschuldigen	Sie sind schlecht; ich akzeptiere Sie nicht. Sie sind alleine Schuld … Ich erlebe nur Ihre Inkompetenzen.
Unterbrechen	Was ich zu sagen habe, ist viel wichtiger. Ich habe keine Zeit für geringfügiges Gelaber.
Beschimpfen, lächerlich machen	Sie sind das Problem und Sie sind dumm. Schämen Sie sich!
Interpretieren, Analysieren	Sie sind einfältig und hilflos. Ich traue Ihnen keine Selbsterkenntnis zu.
Infrage stellen, Verhören	Sie sind sehr fehlerhaft. Sie können nicht selbstständig denken. Nur eine Einschüchterung kann jemandem wie Ihnen helfen!
Rückzug, Ablenken, Themawechsel	Ihr Problem ist nicht bedeutend oder es kümmert mich nicht … Es gibt viel wichtigere Sachen als Sie.

Vergleiche auch die Bücher von Gordon und Hagedorn.

Auf einer abgehobenen theoretisch philosophischen Ebene gibt es eine Dauerkontroverse über die Frage der so genannten Objektivität in Kommunikationsprozessen. Manche Experten behaupten, dass es möglich ist, sich »objektiv« zu verhalten und zu sein. Das heißt, dass wir alle die »reine Wahrheit« sehen können, wenn wir sachlich bleiben. Diese Vertreter befinden sich langsam in einer Minderheit, da mittlerweile erkannt wird, dass der Mensch als lebendiges Wesen immer mit Leib und Seele agiert – mit Gefühlen und Gedanken.

Unser »Personal Prozessor«

Etwas passiert: Ereignis ⇨ Ein Konflikt entsteht: Es gibt einen Streit auf der Arbeit.

⇨ Wir nehmen das Ereignis wahr und deuten es dementsprechend.

Bei jeder betroffenen Person gibt es eine Kette von internen Reaktionen:

Rationale, kognitive Reaktionen:	Zum Beispiel »Ich verstehe dies nicht.« »Warum sagte er das?« »Das ist kompletter Unsinn.« »Sie hat leider keine Ahnung.« »Das ist sachlich nicht richtig!«
Physiologische Reaktionen:	Beispielsweise Blutdrucksteigerung, Herzrasen, Schwindel, Übelkeit
Emotionale Reaktionen:	Unbehagen, Unsicherheit, Enttäuschung, Frust
Resultat:	Handlung (verbal/nonverbal), zum Beispiel Konfrontation oder Flucht

Anhand des Schemas, das einen internen Verarbeitungsprozess aufzeigt, wird deutlich, dass alle Menschen ähnliche Stadien durchlaufen nachdem sie ein Ereignis wahrnehmen – ein Problem oder einen Konflikt deuten, interpretieren und dann darauf reagieren. In diesem Sinne gibt es keine »schlechten« oder »guten« Gefühle – sie sind ein Ausdruck dafür, wie Menschen erleben und deuten. Was wir im Namen der Gefühle machen – das ist entscheidend. Da Menschen allerdings unterschiedlich sind, kommen wir zu unterschiedlichen Handlungen und Ergebnissen. So sind Konflikte vorprogrammiert und normal.

Es ist ungeheuer wichtig, diese inneren »Empfangsvorgänge« auseinander zu halten, damit uns klar ist, worauf unsere Reaktionen auf unsere Wahrnehmungen und Deutungen basieren. Das heißt, es ist wichtig, sich dieser Kette von unseren eigenen »Personal Prozessor« bewusst zu werden: Wie wir etwas aufnehmen und deuten, und wie wir unsere rationalen, physiologischen und emotionalen Reaktionen beisteuern.

Zum Thema »Unser Personal Prozessor« können Sie die Bücher lesen von Kliebisch 1995a und b sowie Schulz von Thun 1981.

Diese vernetzten Reaktionen, die dann in einer Art Handlung münden, erleben wir normalerweise blitzschnell. Deshalb begreifen viele von uns nicht, dass wir selbst dabei aktiv sind und einen starken Anteil an diesem

Prozess haben: Wer entscheidet, ob unsere Wahrnehmung korrekt ist? Wer entscheidet, ob unser Denken bzw. unsere Handlung wirklich angemessen ist? »Jeder von uns lebt im Gefängnis seines eigenen Gehirns« behauptete der US-amerikanische Neurophysiologe Vernon B. Mountcastle 1975 in einem berühmten Vortrag.

Davon abgesehen, wie unsere »individuelle Vernetzung« im Gehirn funktioniert: In Streit- und Konfliktfällen gibt es häufig eine Polarisierung zwischen den Konfliktparteien. In ihrer »Ganzheit« denken, erleben und fühlen alle »die Wahrheit« – natürlich ihre Wahrheit. Kurz: wenn zwei sich streiten, meinen beide, dass sie richtig »liegen«. Deshalb fördern wir gleich von Anfang an die zwischenmenschlichen Beziehungen, und räumen Platz sowohl für die »Ratio« als auch für »Gefühle« ein. Wie schon im ersten Kapitel beschrieben wurde, haben wir als Mediatoren die Aufgabe, beide Parteien dabei zu unterstützen, sich auszudrücken und den Konflikt- oder Streitgegenstand zu identifizieren, mitzuteilen und zu bearbeiten. Die Emotionen und die Vernunft müssen immer wieder ins Gleichgewicht gebracht werden.

Wie die beiden Parteien unterstützt werden sollten, ist auch unter Mediatoren umstritten: Manche »Schule der Mediation« versteht diesen Prozess hauptsächlich als eine »Problemlösung«. Sie argumentieren, dass die Parteien keine Beziehung zueinander haben müssen. Dies wird erwidert mit der Grundhaltung von anderen »Philosophien« der Mediation, dass Menschen in die Lage versetzt werden müssen, gegebenenfalls mit einem »Feind« oder »Fremden« zusammenzuarbeiten. Dies setzt wiederum voraus, dass die Betroffenen dafür Unterstützung, Ermutigung und Richtlinien bekommen. Zwangsläufig entsteht dadurch eine Beziehung, wenn auch nur flüchtig.

Nach meiner Erfahrung geht es nicht um »Händchen halten und Gefühlsduselei«, »reine Beziehungspflege« oder »Friede, Freude, Eierkuchen«, sondern um die ernsthafte Angelegenheit, Menschen in einer Art und Weise zusammenzubringen, dass ihnen zugehört wird, und sie einander zuhören werden. Sicherlich ist es unser Endziel, ein Problem zu lösen, aber dabei setzen wir uns in vielen Fällen nicht nur mit einem »Problem« auseinander, sondern auch mit menschlichen Befindlichkeiten, aufgewühlten Emotionen, unterschiedlichen Wahrnehmungsmus- tern und Werte-Systemen. Niemand außer Spock im »Raumschiff Enterprise« reagiert immer logisch.

Vergleiche Goleman [5]1997.

Kleiner Exkurs in die Gehirnforschung

Was das Individuum ausmacht, ist die Einmaligkeit der bestimmten anatomischen Gehirnkonstruktion mit dem individuellen Register von gesammelten Erfahrungen und angeeignetem Wissen. Diese einmalige neurologische Zusammensetzung jedes Individuums beeinflusst jedoch die Art der rationalen Reaktion und die Heftigkeit der physiologischen und emotionalen Reaktionen. Wie wir gelernt haben, Dinge wahrzunehmen und zu deuten, beeinflusst unsere physiologischen und emotionalen Reaktionen, die wiederum mit unseren rationalen Reaktionen rückgekoppelt sind. Diese Wechselwirkung zwischen unserer Erziehung und Vererbung – »Nurture and Nature« – ist beständig. Was angeboren und was angelernt wird, wird fortlaufend erforscht und debattiert.

Kurz: Unsere gesamte Kommunikation wird von einem individuellen internen Wahrnehmungs- und Deutungsschema geprägt, welches zum Teil auf die einzigartigen physiologischen Vernetzungen innerhalb der individuellen Gehirnstruktur zurückzuführen ist. Die neue Gehirnforschung hat bewiesen, dass sich je nach Reizen und Umwelteinflüssen innerhalb der ersten drei Jahre nach der Geburt bestimmte Vernetzungen im Gehirn jedes Babys entwickeln, die die späteren Wahrnehmungen und das Ausdrücken von Gefühlen und Kognitionen – unsere »Gedanken« – zugrunde legen. Die ersten vier Jahre der Kindheit sind unser »Fenster der Gelegenheit«, in dem rund zwei Drittel des endgültigen Volumens unseres Gehirns wachsen und dabei die anatomischen Grundbausteine für den Erwerb unserer emotionalen Grundkenntnisse gelegt werden. Es kommt auf die komplexe wechselseitige Beeinflussung zwischen unserer Abstammung (Erbanlagen) wie auch unserer Umwelt (Erziehung, Prägung, Bildung) an: Beispielsweise gibt es verschiedene Möglichkeiten, wenn ein Kind schüchtern veranlagt auf die Welt kommt, wie es sich weiter entwickeln kann – je nachdem, was das Kind erlebt und vorgelebt bekommt. Ob es die Schüchternheit überwindet oder eher ängstlicher wird, hängt sehr stark davon ab, wie und was es lernt. Ähnlich ist es, wie Leute mit einer emotionalen Entgleisung umgehen: ob sie lernen, starke Emotionen wie Zorn zu zügeln und zu handhaben oder sich ihnen völlig hingeben.

Ich selbst vertrete die Schule der »Konflikttransformation«, in der der Mediationsprozess nicht nur ausschließlich als Problem- und Konfliktlösungsmethode bestimmt wird, sondern – in die Zukunft gerichtet – auch als Weg zur Klärung, Versöhnung bzw. Wiedergutmachung und als Chance für zukünftige Kooperation begriffen wird.

Um Ihnen dies anschaulich zu machen, werden in diesem Kapitel drei Hauptstrategien zur Bewahrung zwischenmenschlicher Beziehungen und drei damit zusammenhängende Dreiecksmodelle vorgestellt:

1 Die Bewahrung der Gesichter.
2 Die Bewahrung der Interessen und zwischenmenschlichen Bedürfnisse anstelle von Positionen.
3 Die Bewahrung der Konfliktbearbeitung.

Diese drei Dreiecke bieten praktische Leitlinien, wie Beziehungen bewahrt werden können, um mit den »vier A's« erfolgreich eine Mediation anzugehen.

1. Die Bewahrung der Gesichter

In Streit- oder Konfliktsituationen ist normalerweise jede Partei bemüht, der anderen nachzuweisen, dass sie selbst im Recht ist oder Recht hat. A streitet sich mit B: A und B teilen ein gemeinsames Ziel – beide wollen ihr Recht beweisen! A will endlich mal hören, dass B sagt: »OK, Sie haben Recht« und umgekehrt. In manchen Situationen mag es wirklich etwas »Richtiges« und etwas »Falsches« geben – eventuell hat A wirklich Recht in diesem Fall. Wenn aber A darauf beharrt, dass B dies zugibt, wird B sich verdrängt fühlen und sich wahrscheinlich verweigern, freiwillig zu erklären, dass A Recht hat.

In den meisten Fällen ist jedoch »das Richtige« nicht so deutlich und es gibt viele verschiedene Grautöne. Um einen Konflikt zu bearbeiten und zu vermitteln ist es in beiden Fällen wichtig, dass wir versuchen, die Kontrahenten von ihrer Recht-haben-wollen-Haltung abzubringen. Durch die »vier A's« (Kapitel A) und die Bewahrung der Gesichter können wir als Mediatoren vorerst beide konstruktiv in den Prozess einbinden. Die Bewahrung der Gesichter hat drei Hauptprinzipien:

❖ **Gegenseitiger Respekt und Toleranz**
Von Anfang an bringt der Mediator als Vorbild allen Parteien Respekt und Toleranz entgegen. Und er verlangt es später ebenso von diesen. Außerdem werden »Menschen« und ihre »Probleme« getrennt voneinander behandelt. Menschen haben Konflikte und Probleme. Dies ist ganz natürlich. – Aber Menschen sind nicht mit ihren Problemen oder Konflikten gleichzusetzen.

Vergleiche
Fisher/Ury/Patton [15] 1997.

❖ **Gemeinsames »Mitteilungsrecht«**

Vorab werden die Rechte aller Parteien betont, sich in der Mediation auszusprechen und ihre Gefühle, Befindlichkeiten, Wahrnehmungen und Gedanken in einer konstruktiven Art und Weise mitzuteilen. Mediation fordert die Menschenrechte – für alle!

❖ **»Satyagraha«**

Gandhis Ansatz – bekannt durch das Wort »Satyagraha« – bedeutet in etwa »die Kraft der Wahrheiten zu erfassen, zu begreifen«. Im Sinne Gandhis heißt das die Suche nach den Wahrheiten aller Streitenden. Mit anderen Worten: In der Mediation ist vorab zu betonen, dass es nicht um das »Richtige« oder »Falsche« geht, sondern darum, von allen Seiten (meist unterschiedliche) »Wahrheiten« und Sichtweisen transparent zu machen. Und so eine Annäherung der erweiterten und eventuell tieferliegenden »Wahrheit« für die Streitenden zu ermöglichen. Unter Streitenden kann die Angst vor der »anderen« Wahrheit überwältigend sein: Jeder befürchtet, dass ihm Schaden zugefügt wird. Es geht um eine Wahrheitsfindung mit der Annahme, dass »Wahrheit« nur relativ sein kann, je nachdem, aus welcher Perspektive ein Mensch etwas sieht und erlebt. Dadurch kann man in vielen Konfliktfällen und Situationen eine gemeinsame Ebene erarbeiten: Alle relativen Wahrheiten werden festgehalten, die Gemeinsamkeiten und Unterschiede untersucht. Wesentlich ist in diesem Sinne eine positive und konstruktive Haltung des Mediators.

Für diejenigen, die bereits länger in diesem Bereich praktizieren, kann Mediation auch die Verbreitung von »positiven Unterstellungen« einschließen. Das bedeutet: als Mediator versuche ich davon auszugehen, dass beide Konfliktparteien konstruktiv mitwirken wollen, nachdem das Verfahren erklärt und die Grundregeln vereinbart wurden. Sogar wenn dieser Weg steinig ist und ich in Schwierigkeiten gerate, bleibe ich bei dieser Überzeugung, bis ich einen Grund habe, dies in Frage zu stellen. Diese Einstellung der positiven Unterstellung kann von hoher Bedeutung in der »Konflikttransformation« sein.[2]

---

[2] Wer den Film »Der kleine Lord« gesehen hat, kann sich sicher an den kleinen – manchmal anscheinend naiven – Jungen erinnern. Mit seinem Optimismus und seiner konstruktiven Ausstrahlung hat er seinen angeblich herzlosen Onkel protegiert, und ihm geholfen, seine eigene Einfühlsamkeit und Lebensfreude zu entdecken und zu offenbaren.

Zusammenfassung

Als Mediatoren wollen wir den Streitenden Vertrauen schenken und beide schützen, sodass sie sich nicht blamieren, blamiert fühlen oder blamiert werden. Ich stelle weder die Geschichte von Partei A noch die der Partei B in Frage. Als Mediator nehme ich beide Parteien ernst und bleibe allparteilich. Ich akzeptiere, erkenne an und affirmiere beide Personen soweit dies möglich ist. Ich bemühe mich, keine verdächtigen Botschaften zu senden: zum Beispiel vermeide ich, mich so zu verhalten, als ob mir etwas komisch, aberwitzig, unglaubwürdig oder unangemessen vorkommt. Wenn sich jemand auffällig verhält, ist es meine Aufgabe als Mediator, dies in einer offenen Frage zu artikulieren: »Ich habe den Eindruck, dass es Ihnen nicht gut geht. Können Sie mir sagen, wie es Ihnen gerade geht?«

Dieses Dreieck hilft uns, die drei Prinzipien in Erinnerung zu behalten:

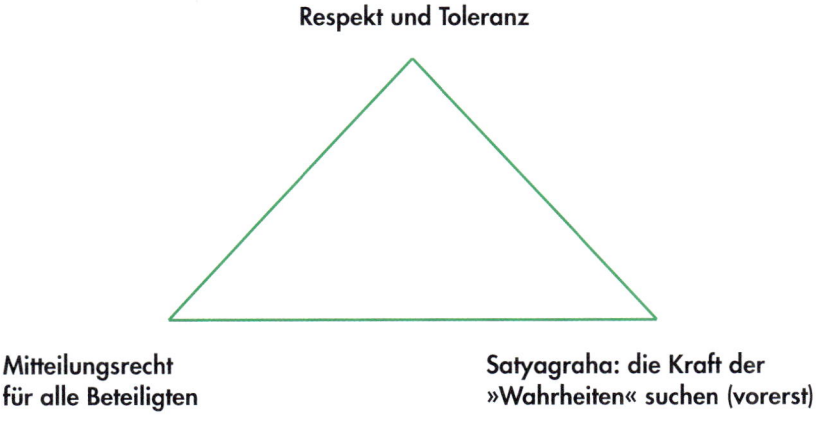

Respekt und Toleranz

**Mitteilungsrecht
für alle Beteiligten**

**Satyagraha: die Kraft der
»Wahrheiten« suchen (vorerst)**

Nehmen wir das Beispiel eines Ehestreites:

Zwei Partner vertreten unterschiedliche Standpunkte. Beide verteidigen ihre Haltung, und dieser ursprüngliche Streit ufert in eine grundsätzliche »In-Frage-Stellung« ihrer Beziehung aus. Beide fühlen sich hilflos und wissen nicht genau, was sie sagen sollen, da beide zugleich verletzt und noch wütend sind.

Sie entscheiden sich, einen Mediator einzuschalten, um einer weiteren Eskalation vorzubeugen. Nach diesem Dreieck bemüht sich der Mediator, beiden Respekt und Toleranz entgegenzubringen. Die allparteiliche Haltung des Mediators wird durch die Betonung des Mitteilungsrechts für beide verstärkt und durch die neutrale Haltung, alle Wahrheiten zum Ausdruck zu bringen.

2. Die Bewahrung der Interessen und zwischenmenschlichen Bedürfnisse anstelle von Positionen

In der Literatur zur Konfliktlösung wird sehr viel über den Unterschied zwischen »Positionen« und »Interessen« oder »Bedürfnissen« geschrieben. Das Schema »Gewinner-Gewinner« statt »Sieger-Verlierer« wird befürwortet.

Nicht:	1:0	😊 🙁
Nicht:	0:1	🙁 😊
Nicht:	0:0	🙁 🙁
Sondern:	1:1	😊 😊

Die Interessen der Konfliktparteien stehen im Mittelpunkt und nicht ihre Positionen. Vor allem wird immer wieder betont, dass effektive Konfliktbearbeitung beschleunigt wird, wenn wir Menschen auffordern und unterstützen, ihre eigenen Bedürfnisse zu erkennen und zu formulieren, um sich auf ihre Interessen besinnen und konzentrieren zu können. Die Orientierung findet statt an den Grundbedürfnissen der Menschen: Existenzbasis, Sicherheit, wirtschaftliches Auskommen, Zugehörigkeitsgefühl, Anerkennung, Selbstbestimmung. Dies ist viel hilfreicher als der Gegensatz, wenn die Streitparteien ihren Konflikt über Positionen austragen würden, nach dem Motto: »Ich bin am mächtigsten und habe gesagt, dass du dies so machen solltest – jetzt mach es sofort oder geh!«

Bei meiner Arbeit komme ich oft in Situationen, aus der heraus ich anderen Menschen meine »Position« aufsetzen könnte. Ich könnte sie zwingen oder ihnen befehlen – was sie tun »sollen« oder »müssen«. Allerdings erreiche ich hierdurch langfristig, dass die Menschen sich selbst nicht zutrauen, ihre Meinungen zu äußern, geschweige denn ihre Konflikte zu bearbeiten. Oder sie hören auf, ehrlich mit mir zu reden. Ich werde niemals eine Übereinkunft hinsichtlich ihrer Interessen und Bedürfnisse erzielen, wenn ich als der »Oberboss« alles diktiere. Das heißt, sie sagen dann nie im Klartext, was sie meinen, brauchen, wollen bzw. suchen. Deshalb bin ich als Mediatorin überzeugt, dass es wichtig ist, gemeinsame Interessen zu erkunden, und anderen Menschen zu helfen, herauszufinden, was sie brauchen, wollen und können.

Weiter in Anlehnung an Gandhis »Satyagraha«: Es ist wichtig, sich auf die »individuellen Prinzipien« oder tieferliegenden Interessen und Bedürfnisse statt auf die Positionen der Kontrahenten zu konzentrieren. Es geht dann nicht nur darum, beide Parteien sprechen zu lassen, sondern besonders auf verschiedene Inhalte zu achten. Gandhi behauptete, dass jeder Auseinandersetzung oder jedem Konflikt eine andere tieferliegende Ebene zu Grunde liegt. Dabei prallen zwar mindestens zwei Sichtweisen aufeinander, aber beide entsprechen einem Teil der allgemeinen und größeren Wahrheit. Deswegen ist es sehr wichtig, die Sichtweise von allen Konfliktparteien zu respektieren und ihre »Wahrheit« auf der »Prinzipien-Ebene« aufzudecken und transparent zu machen, um dann später auf einer gemeinsamen Ebene eine Lösung zu suchen.

Das zweite Dreieck ist dreidimensional: ein vereinfachtes Modell zur Ursachenanalyse eines Konflikts. Es hilft uns beim Sortieren und dabei, »das Wesentliche« innerhalb einer Mediation zu identifizieren. Wenn zum Beispiel einiges angesprochen wird, aber das Gespräch nicht vorankommt, dann wissen wir, dass wir noch nicht alles »auf dem Tisch« haben.

Es gibt »zwei Etagen« bei diesem Dreieck:

1 Die oberirdische Etage – die Oberfläche, wo etwas sichtbar und erlebbar wird. Hier gibt es aktuelle Probleme und offenkundige Einwände, die zugänglich sind.

2 Die unterirdische Etage – die eher versteckte Umgebung, wo sich die tieferliegenden, unsichtbaren Faktoren, Hintergrundprobleme, verborgene Ursachen bzw. Emotionen befinden.

In der Mediation fangen wir an der Oberfläche an und wissen, dass es eventuell notwendig wird, einiges aus der tieferliegenden Ebene ans Licht zu holen. Eine übliche Metapher für Konflikte ist ein »Eisberg«, bei dem nur ein Bruchteil an der Wasseroberfläche sichtbar ist (siehe Kapitel E, Seite 82). Im Gegensatz zu vielen Therapieformen setzen Mediatoren den Schwerpunkt auf das »hier und jetzt«. Wir haben nicht die Aufgabe, schwere Lasten der Vergangenheit aufzuarbeiten, sondern das, was jetzt aktuell wichtig ist, heranzuholen.

Es gibt drei Hauptursachen von Konflikten:

- ❖ Konkrete, rein materielle Interessen bzw. begrenzte Ressourcen wie Geld oder Zeit.
- ❖ Unterschiedliche Glaubens- oder Lebenseinstellungen, Wertesysteme oder grundsätzliche Weltanschauungen.
- ❖ Persönliche Interessen oder unerfüllte Grundbedürfnisse, beispielsweise Sicherheit, Zugehörigkeitsgefühl und Akzeptanz, Macht und Anerkennung.

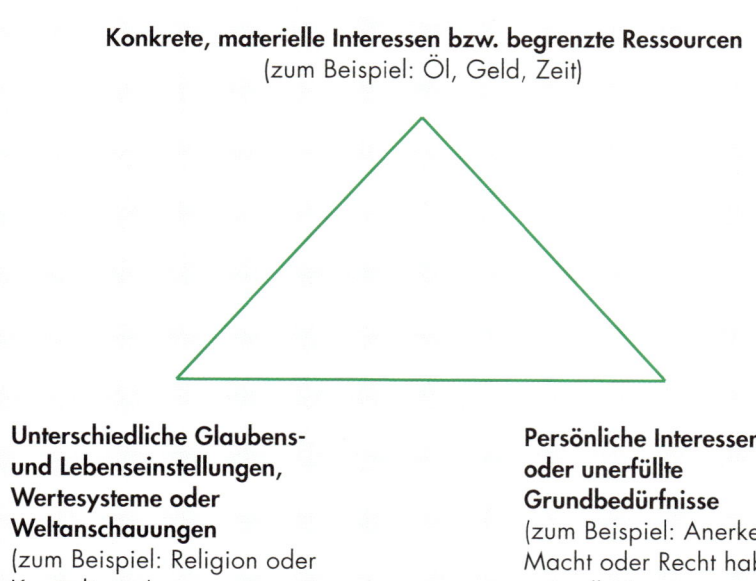

Dieses Dreieck umfasst die drei Kategorien von Konfliktursachen und dient als Leitlinie, wenn wir uns mittendrin in einer Konfliktvermittlung fragen: »Moment mal – worum geht es eigentlich?!«

In Konflikten, bei denen es um begrenzte Ressourcen und konkrete Dinge geht, ist es wichtig, die Parteien zu unterstützen, sich über eine Kontrolle und Verteilung von Ressourcen auszutauschen, die beiden Parteien entgegenkommen und konstruktives sowie faires Verhalten zu fördern. Ein Ausgleich der Macht und Einflussnahme muss hergestellt werden. Wenn wir Konflikte vermitteln, die auf unterschiedlichen Wertesystemen beruhen, müssen wir dafür sorgen, dass die Beteiligten sich nicht angegriffen, sondern aufgehoben fühlen. Sie müssen möglichst gemeinsame bzw. übergeordnete Ziele entdecken können. In einem Konfliktfall, in dem persönliche Interessen im Vordergrund stehen, ist es empfehlenswert, sich auf die Bedürfnisse zu konzentrieren, statt auf die Positionen der Parteien. Weiterhin versuchen wir als Mediatoren, den Prozess zu steuern, um Gemeinsamkeiten zu erarbeiten, umfassendere Alternativen und Optionen zu entwickeln, die den Bedürfnissen beider Parteien deutlich entsprechen. Ansonsten können die Beteiligten eher mit ihrer jeweiligen Position spielen und versuchen, sich gegenseitig einzuschüchtern, je nachdem wie viel Macht sie zu haben meinen.

Ich möchte dies jetzt an einem Beispiel verdeutlichen:

> Ein Kollege tratscht und verbreitet Gerüchte über eine Kollegin. Manchmal wird sie schon ganz komisch in der Öffentlichkeit begrüßt. Die Kollegin findet dies sehr unangenehm.

> Nehmen wir an, dass ihre Firma ziemlich fortschrittlich ist, Konflikte als die Chance zur Klärung und zum Weiterlernen begreift und den Service »Mediation für Mitarbeiter« anbietet. Bevor die betriebliche Gerüchteküche in Gang kommt, werden beide Mitarbeiter zum Gespräch eingeladen. In diesem Fall wäre es sinnvoll, dass die unterschiedlichen Motive und Empfindungen auf den Tisch gebracht werden und nach der Ursache geforscht wird, um eine vernünftige Zusammenarbeit wieder zu ermöglichen.

> Es ist zu erwarten, dass oberflächliche und tieferliegende Faktoren eine Rolle spielen. Die Kollegin weiß eventuell nicht, warum sich ihr Kollege vermeintlich so unangenehm und hinterhältig verhält. Vielleicht geht es an die Substanz seiner Person, dass sie befördert wurde und er als älterer Mann nicht. Vielleicht ist er enttäuscht, weil sie eine engere Mitarbeit verweigert hat. Vielleicht ist er

zornig, da sie mehr verdient. Als Mediatoren wissen wir dies nicht. Wir können zur Orientierung einige Hypothesen entwickeln und versuchen, diese zu überprüfen. Nach dem gezeigten Dreieck wollen wir auf jeden Fall die Ursachen erkunden, um die Konfliktparteien aus ihrem destruktiven Kreislauf herauszuholen. Je nachdem, an welcher Ursache es liegt, können wir dann daran zur weiteren Klärung anknüpfen.

Wenn es sich beispielsweise herausstellt, dass es um begrenzte Ressourcen und menschliche Bedürfnisse geht, wäre es wichtig, von dem Personaldirektor zu erfahren, ob mehr Ressourcen zur Verfügung stehen. Wenn nicht, müssen die Kränkungen wegen des niedrigeren Lohns und die Gefühle der Ungerechtigkeit des Betroffenen mit dem Hinweis behandelt werden, dass keine Veränderung seitens der Firma unternommen wird (werden kann). Da stoßen wir an eine Grenze der Mediation: In diesem Fall kann ein Mediator die Geschäftsleitung nicht zwingen, die Gehälter zu erhöhen oder zu reduzieren. Wenn der Betroffene darauf besteht, dass er Anspruch auf mehr Geld hat, muss die Rechtslage erforscht werden. Davon abgesehen, könnte das Endziel der Mediation eine Vereinbarung zur Aufteilung der Arbeit sein, und das Bekenntnis zum gegenseitigen Bemühen, sich zu achten und anzuerkennen.

Ohne Frage gibt es auch andere Aufteilungen oder Rubriken von möglichen Ursachen in Konfliktsituationen. Vielleicht stammt eine Konfliktpartei aus einer anderen Kultur und hat eine völlig andere Deutung des Konflikts, die auf mehrere Ursachenebenen zurückzuführen sind.

Kleiner Exkurs in die Ursachenanalyse

In Anlehnung an Christopher Moore (1986) können Konfliktursachen auch in fünf Kategorien gegliedert werden, die entsprechende Strategien zum Vorgehen beinhalten:

❖ Informationskonflikte,
❖ Interessenskonflikte,
❖ Beziehungskonflikte,
❖ Wertekonflikte und
❖ Strukturkonflikte.

Gerhard Schwarz (1985) benennt fünf Hauptkonfliktbereiche nach der Anzahl von den Konfliktbeteiligten:

❖ Persönliche Konflikte,
❖ Paar- und Dreieckskonflikte,
❖ Innergruppenkonflikte,
❖ Organisations- und Institutionskonflikte sowie
❖ Systemkonflikte.

Friedrich Glasl (1990) diskutiert bestehende Typologien von Konflikten in der Literatur und kategorisiert drei handlungsorientierte Gesichtspunkte oder Anhaltspunkte für allererste Interventionen folgendermaßen:

❖ Der Umfang oder Rahmen eines Konfliktes,
❖ die Reichweite der Bemühungen der Konfliktparteien,
❖ die dominante Äußerungsform der Konfliktparteien.

Berndt Zuschlag und Wolfgang Thielke (1992) fassen über 40 verschiedene Klassifikationen von Konfliktformen und -ursachen zusammen.

3. Die Bewahrung der Konfliktbearbeitung

Wie schon erwähnt befürworte ich eine Definition von Mediation, die dem Prozess der Konfliktbearbeitung Nachdruck verleiht und nicht bloß eine Technik für schnelle Lösungen ist. Als Mediator bringe ich einen Prozess der Konfliktbearbeitung zwischen Kontrahenten in Gang und begleite den Prozess. Ich will natürlich alles tun, dass dieser Prozess nicht überhastet beendet, künstlich bereinigt oder mittendrin zerstört wird.

Damit gelangen wir zu einem dritten Dreieck: Es gibt ein klassisches Beispiel in der Mediationsliteratur, das verdeutlicht den Unterschied zwischen einer konstruktiven Konfliktbearbeitung und einem bloßen Kompromiss:

Zwei Schwestern streiten sich über eine Orange, die sie beide haben wollen. Was nun?! – Schließlich kommen sie überein, die Frucht zu halbieren. Eine nimmt nun ihre Hälfte, isst das Fruchtfleisch und wirft die Schale weg. Die andere wirft stattdessen das Innere weg und benutzt die Schale, weil sie damit einen Kuchen backen will. Hätten sie sich eher darüber ausgetauscht, welche

Ziele sie verfolgen und was sie eigentlich mit der Orange vorhaben, wäre es möglich gewesen, anders aufzuteilen: Eine wäre total zufrieden mit dem Fruchtfleisch und die andere hätte sich über die ganze Schale gefreut.

In diesem Sinne ist es wichtig, den Prozess der Konfliktbearbeitung zu bewahren, statt einen Konflikt zu vermeiden oder voreilig einen Kompromiss zu schließen. Nur bei Konflikten, die uns nicht von großer Bedeutung sind, können wir uns wirklich mit einem Kompromiss zufrieden geben.

Wichtig bei der Bewahrung des Prozesses der Konfliktbearbeitung ist, die persönlichen Empfindungen sowie die inhaltlichen oder eher »sachlichen« Zielsetzungen und die daraus resultierenden Anforderungen aufzuzeigen, um eine Lösung für jetzt und für die Zukunft vereinbaren zu können. Wenn die Schwestern anfangen, über ihre Kränkungen durch bestimmte Ereignisse aus der Vergangenheit zu erzählen, dann ist es unsere Aufgabe als Mediatoren, das Lebendige aus ihrer Vergangenheit in der Gegenwart zu formulieren. Wir helfen ihnen dabei, ihre damit zusammenhängenden Emotionen und Gedanken äußern zu können. Wir drängeln die Leute nicht, ihre Vergangenheit zu vergessen, sondern gewähren ihnen Beistand, wichtige Überbleibsel zu erkennen, aufzuarbeiten und weiter zu schauen.

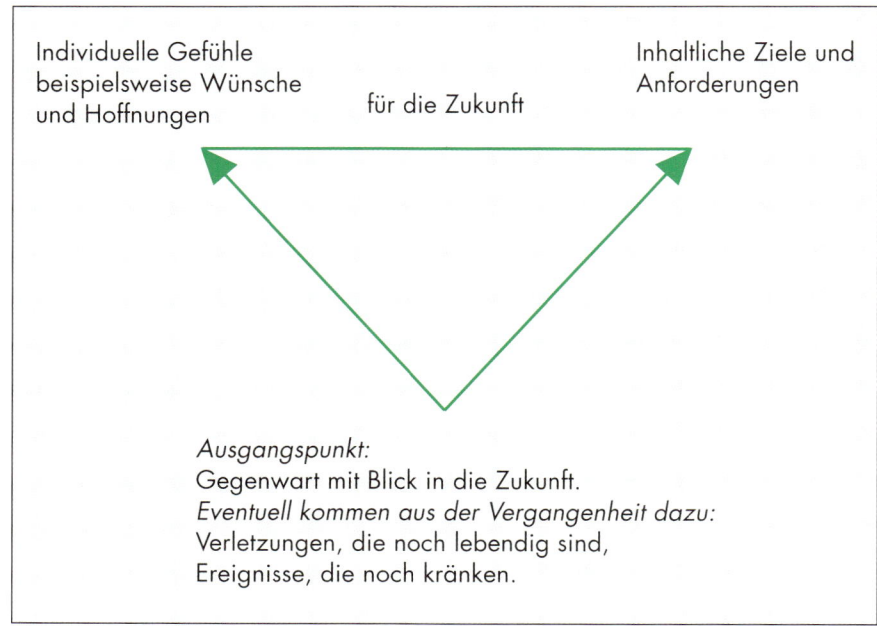

Individuelle Gefühle
beispielsweise Wünsche
und Hoffnungen

für die Zukunft

Inhaltliche Ziele und
Anforderungen

Ausgangspunkt:
Gegenwart mit Blick in die Zukunft.
Eventuell kommen aus der Vergangenheit dazu:
Verletzungen, die noch lebendig sind,
Ereignisse, die noch kränken.

Nehmen wir das Beispiel von Seite 8:

> Zwei Mitarbeiter zanken sich immer wieder. Manchmal geht es um eine bestimmte Sache. Manchmal scheinen die beiden einfach verfeindet und streitsüchtig zu sein. Es ist klar, dass etwas zwischen den beiden liegt – aber niemand will sich einmischen. Allerdings verschlimmert sich die Situation und die Atmosphäre in ihrem betrieblichen Bereich leidet deutlich unter diesem ständigen »kalten Krieg«, da sie mittlerweile andere Kollegen involvieren und versuchen, Leute auf ihre Seite zu ziehen.

Wenn wir das dritte Dreieck in Erwägung ziehen, wissen wir als Mediatoren, dass es nicht nur darum geht, die »Vier A's« vorzuleben, mit Respekt und Toleranz alle Wahrheiten zu suchen, auf dem Mitteilungsrecht aller zu bestehen, die oberflächlichen und eventuell versteckten Ursachen zu erkunden, sondern auch die Richtung der Mediation ausdrücklich nach vorne zu steuern. Mit diesen beiden Mitarbeitern werden die Reste aus der Vergangenheit vergegenwärtigt: Was bedeutet dies hier und jetzt? Welche Kränkungen leben noch?

Es ist nicht unbedingt notwendig herauszufinden, woher alle Empfindungen kommen. Viel wichtiger ist herauszufinden, was sie noch am Leben hält und wie sich die Konfliktparteien die Beseitigung der Feindseligkeiten vorstellen können. Was wollen die Streitenden für ihre Zukunft? Welche Zielsetzungen und Wünsche haben sie? Die Mitarbeiter in unserem Beispiel werden herausgefordert, das Wesentliche aus der Vergangenheit auf einen Punkt in der Gegenwart zu bringen und Ausschau für die Zukunft zu halten. Wenn mehrere Leute in den Konflikt verwickelt sind, können wir auch sie in die Mediation einbinden.

C   Courage zum Probieren und zum Üben, Üben, Üben: Dr. Duly's Sieben-Schritte-Modell

Jetzt haben Sie einen Überblick über die Grundhaltungen und -bausteine der Mediation. Wie sind diese umzusetzen? Das Allerwichtigste beim Erlernen von Mediation und Vermittlungsstrategien für Konfliktstrategien ist das Üben. Sogar perfekte Theoretiker werden ohne Übung sprachlos. Nichts kann das Üben und das Sammeln von Erfahrungen ersetzen. Dies wurde bei der Erforschung von effektiven Trainingsseminaren deutlich: Je mehr Menschen die Chance hatten, auszuprobieren, zu üben und anschließend über ihre Erfahrung nachzudenken, sich mit anderen auszutauschen und zu reflektieren, desto mehr lernten sie.

Mediationstraining bietet eine Strategie und die Gelegenheit, kognitives Wissen mit praktischem Können zu verbinden und eine kritische Reflexion anzuregen. Spätestens wenn wir das erste Mal versucht haben, zwischen Konfliktparteien zu vermitteln, werden wir damit konfrontiert, wie schwierig es ist, Theorien in die Praxis umzusetzen. Deshalb können wir nur bei der Verknüpfung von Wissen, Handeln, Können und »Üben, Üben, Probieren und Üben« lernen, als erfolgreiche Mediatoren zu fungieren.

In diesem Kapitel werden die konkreten Bausteine und Strategien einer Mediation vorgestellt. Bevor Sie weiter lesen, nehmen Sie sich bitte fünf Minuten Zeit, um sich in ein Mediationsgespräch hineinzuversetzen. Überlegen Sie, wie dieses ablaufen könnte.

Übung

Denken Sie über das letzte Mal nach, als Sie einen Konflikt mit einer anderen Person hatten, wobei Sie sehr wütend auf diese Person waren. Notieren Sie sich Stichpunkte:

Was ist passiert?

✎ _____

_____

_____

Was haben Sie gespürt?

✎ _____

_____

_____

Was haben Sie dabei gedacht?

✎ _____

_____

_____

Was haben Sie tatsächlich getan oder unternommen?

✎ _____

_____

_____

Wie würden Sie ihren eigenen Stil beschreiben, normalerweise mit Konflikten umzugehen?

✎ _____

_____

_____

Jetzt versuchen Sie, sich daran zu erinnern, was Sie gefühlt haben, bevor Sie so wütend geworden sind.

Gab es eine Möglichkeit zur Klärung, nachdem Sie so wütend geworden sind? Wenn ja, wann und wie war eine Kommunikation möglich?

✎ _____

_____

_____

Haben Sie später diesbezüglich noch einmal etwas gesagt oder getan?

✎ _____

_____

_____

Denken Sie immer noch an diese Situation, oder ist es sozusagen »gegessen« für Sie?

Jetzt stellen Sie sich vor: es gäbe eine dritte Person, die Ihnen dabei geholfen hätte, das, was Sie so aufgebracht hat, der anderen Person so mitzuteilen, dass Sie beide ins Gespräch kommen und sich letztendlich aussprechen könnten. Eventuell gäbe es auch eine Versöhnung, mindestens eine Vereinbarung für die Zukunft, mit der Sie beide zufrieden sein könnten.

Denken Sie jetzt genau nach:

Was muss Ihnen diese Person sagen, tun oder zeigen, damit Sie sich auf dieses Gespräch eingelassen hätten?

✎ _____

_____

_____

Was muss von dem Mediator gesichert oder gewährleistet werden, damit Sie ihm vertrauen und damit beginnen, Ihre Meinung zu sagen?

✎ _____

_____

_____

Welche Fragen hätten Ihnen geholfen, Ihren Ärger, Wut, Befindlichkeiten, usw., zum Ausdruck zu bringen?

✎ _____

_____

_____

Was hätten Sie von Ihrem Streitpartner erwartet bzw. hören wollen?

✎ _____

_____

_____

Welche Unterstützung vom Mediator wäre sinnvoll, wenn es darum geht, eine einvernehmliche Lösung zu erzielen?

✎ _____

_____

_____

Was muss passieren, bevor Sie sich einigen könnten? Gäbe es eine Voraussetzung, unter der Sie eine Lösung durchführen würden?

✎ _____

_____

_____

Was hätte Ihnen geholfen, diese Lösung ernst und dauerhaft anzunehmen?

✎ _____

_____

_____

Unter welchen Bedingungen hätten Sie sich überhaupt nicht auf solch ein Gespräch eingelassen oder das Gespräch abgebrochen?

✎ _____

_____

_____

Ihre Antworten können Ihnen helfen zu verstehen, warum die in diesem Kapitel vorgelegten Schritte für eine Konfliktbearbeitung notwendig und sinnvoll sind.

In diesem Kapitel geht es genau darum, eine Mediation so zu gestalten und einen geschützten Rahmen dafür zu bieten, dass die Beteiligten Folgendes erleben:

❖ Einen Einstieg finden: Sich auf das Vermittlungsgespräch einlassen wollen und können.
❖ Sich im Konfliktbearbeitungsprozess engagieren: Sich trauen und sich aussprechen wollen und können.
❖ Einen für alle Beteiligten befriedigenden Ausstieg finden: Sich bemühen, mehrere realistische Lösungsalternativen zu nennen und schließlich eine einvernehmliche Übereinkunft zu erreichen.

Selbstverständlich werden die Mediationsvorgehensweisen und -schritte je nach Alter und Anwendungsbereich in verschiedene Sprachstile auf verschiedenem Niveau »übersetzt«. Ich kann nicht erwarten, dass ein 11-jähriger »Konfliktmanager« in einer Schule genauso wie eine 30-jährige Lehrerin vermittelt. Die zentralen Voraussetzungen und Bausteine bleiben stets dieselben, werden aber situationsgemäß formuliert und umgesetzt. Als Beispiel lasse ich einen der ersten »Konfliktlotsen« in Berlin zu Wort kommen und ihn erklären, wie er Konflikte vermittelte. Er war 13 Jahre alt, Klassensprecher und wurde als Mediator im Rahmen eines Konfliktlotsenmodellprojekts in Berlin ausgebildet:

> »Wir holen erstmal jemanden anderen, wenn wir alleine sind. Und probieren, die dann auseinander zu nehmen. Bringen sie in den Raum rein und beruhigen sie. So, erstmal fragen wir, was passiert ist. Und dann fragen wir, was es für ein Ziel hatte, denjenigen zu ärgern oder so. Und dann sagen sie uns das, und wir versuchen auch, dass sie nacheinander sprechen und nicht durcheinander. Und dann fragen wir sie, was sie für 'nen Wunsch hätten, wie es weitergehen könnte, und dann kommt meistens irgendwie was, der soll mich in Ruhe lassen und so. Und dann fragen wir, ob der andere damit einverstanden ist, und dann geben sie sich die Hand. Und dann hat's sich erledigt.«[3]

Dies hört sich einfach an, ist allerdings häufig sehr anspruchsvoll und herausfordernd. So einfach und doch so komplex ist die Mediation!

Während meiner Trainingsseminare beklagen sich immer wieder einige Teilnehmer, dass sie nicht redegewandt seien und sich deshalb einer Mediation nicht gewachsen fühlen. Sie brauchen aber gar keine »superelegante« Sprache, sondern eine klare, verständliche und authentische bzw. »stimmige« Sprache – auf der verbalen und der körperlichen Ebene. In der Praxis wird das Beispiel mit dem Fahrradfahrenlernen oft zitiert: Wichtig ist, dass wir alle gut auf den Sattel kommen und das Fahren ausprobieren. Dabei sind Stürze nicht auszuschließen. Daraus werden wir lernen und mit Üben Meister!

Allerdings: Wenn wir uns krumm oder quer auf den Sattel setzen und alle merken, dass wir selbst große Zweifel haben, ob wir wirklich Fahrradfahren können, sind wir unglaubwürdig, sobald wir das Gegenteil behaupten. Die Körpersprache spielt eine große Rolle in der Kommunikation und muss mit dem Inhalt unseres Gesagten übereinstimmen.

In der Literatur gibt es verschiedene Modelle und Schritte oder Phasen des Mediationsprozesses. Bei der Suche nach einem Weg, die Mediation in klaren und deutlicheren Schritte zu erklären, habe ich folgendes Konzept entwickelt, das als Eselsbrücke für die Praxis sehr hilfreich ist:

---

[3] Der Interviewausschnitt wurde Dezember 1994 durch MDR Leipzig gesendet.

Dr. Duly's Sieben-Schritte-Modell: 1 – 2 – DD – Z – I – F – F

Diese sieben Zeichen symbolisieren die allerwichtigsten Schritte in der Mediation und sie sind leicht in der Praxis zu merken. Im Folgenden werden diese Schritte erklärt und am Ende des Kapitels auf zwei Seiten zusammengefasst. Auf Seite 155 finden Sie zudem ein Musterbeispiel für die Abfolge einer Mediationsgesprächsführung.

Dr. Duly's Sieben-Schritte-Modell

1 Die wichtige Vorarbeit
2 Herstellen einer konstruktiven Kommunikation im geschützten Rahmen
DD Definieren und diskutieren – Die Phase des Mitteilens
Z Zusammenfassen – Nachfragen und klären
I Ideengewitter – Lösungen suchen und sammeln
F Fertig? Einverstanden – Ausprobieren!
F Fortsetzung oder Follow-up-Treffen vereinbaren

1 Die wichtige Vorarbeit

Vorbereitung ist die Nummer eins! Bei diesem ersten Schritt leisten wir die notwendige Vorarbeit und erfüllen die Voraussetzungen für eine Mediation.

Die A's, B + C Zum Anfang gibt es das »**ABC**«:

Atmosphäre für eine Mediation schaffen: die »**vier A's**« – **A**llparteilichkeit, **A**kzeptanz, **A**nerkennung und **A**ffirmation;
Beziehungen aufbauen;
Courage zur Mitarbeit vermitteln und den Kontrahenten Mut geben.

Siehe F – Falleignung und
G – Grenzen der Mediation

❖ Eine dritte Person – der Mediator – nimmt Kontakt zu beiden (oder allen) Streitparteien auf.[4] Zuerst wird Stress abgebaut und der Konflikt »abgebremst«. Je nachdem, wie sich die Zerstrittenen verhalten, muss zunächst Zeit eingeräumt werden, in der sich alle beruhigen können. Es gibt viele verschiedene Formen des Abbauens von Stress: Spazieren gehen, Schreien, Singen, ruhig Sitzen, Malen, Sport treiben usw. Wenn der Adrenalinspiegel im Körper auf Hoch-

---

[4] Ein Mediator überprüft die Falleignung.

tour ist, hat es wenig Sinn, einen Gesprächskreis mit Druck zu initiieren.

❖ Jede Konfliktpartei wird gebeten, für sich zu überlegen: Was stört mich? Wie fühle ich mich? Warum ist »es« mir wichtig? Was wäre besser für mich? Was vermute ich? Was will ich jetzt?

Der Mediator schafft eine konstruktive Atmosphäre, erklärt das Mediationsverfahren, beschreibt die Grundregeln und fragt jede Person, ob sie bereit ist, an einer Mediation teilzunehmen.

2 Herstellen einer konstruktiven Kommunikation im geschützten Rahmen

❖ **Zum Einstieg des gemeinsamen Gesprächs wird das Mediationsverfahren kurz erklärt und skizziert.**

Beispielsweise so:

> »Mediation ist eine Art der Konfliktvermittlung, bei der Menschen zusammengebracht werden, um ihre Sichtweisen und Empfindungen – Meinungen, Gefühle und Gedanken – mitzuteilen, auszutauschen und dadurch ihren Konflikt zu bearbeiten. Sie werden gleich beide die Möglichkeiten haben, den Vorfall oder das Problem aus Ihrer Sicht zu erzählen. Ich werde dann Ihre beiden Meinungen immer wieder kurz zusammenfassen, um Klarheit zu schaffen, worum es Ihrer Meinung nach geht. Ich werde mich bemühen, dass Sie genügend Zeit haben, sich gegenseitig mitzuteilen. Diese Art von Konfliktbearbeitung kann bedeuten, dass am Ende eine konkrete Lösung oder Teillösung von Ihnen eingebracht und vereinbart werden kann. Möglicherweise gibt es aber keine Lösung, sondern einen Verständigungsprozess, entsprechend der Tatsache, dass sie jetzt hier am Tisch zusammensitzen.«

❖ **In der Einleitung wird auch die Rolle des Mediators erklärt.**

Der Mediator handelt überparteilich und unterstützt beide Parteien: das heißt, ein Mediator entscheidet nicht, wer Recht oder Unrecht hat; Der Mediator verurteilt das vergangene Verhalten der Konfliktparteien nicht, sondern sucht gemeinsam mit ihnen nach konstruktiven Lösungen für die Zukunft.
Der Mediator strukturiert das Gespräch. Beispielsweise sagt er: »Danke für Ihre Bereitschaft ... Lassen Sie uns anfangen .... Es ist sehr

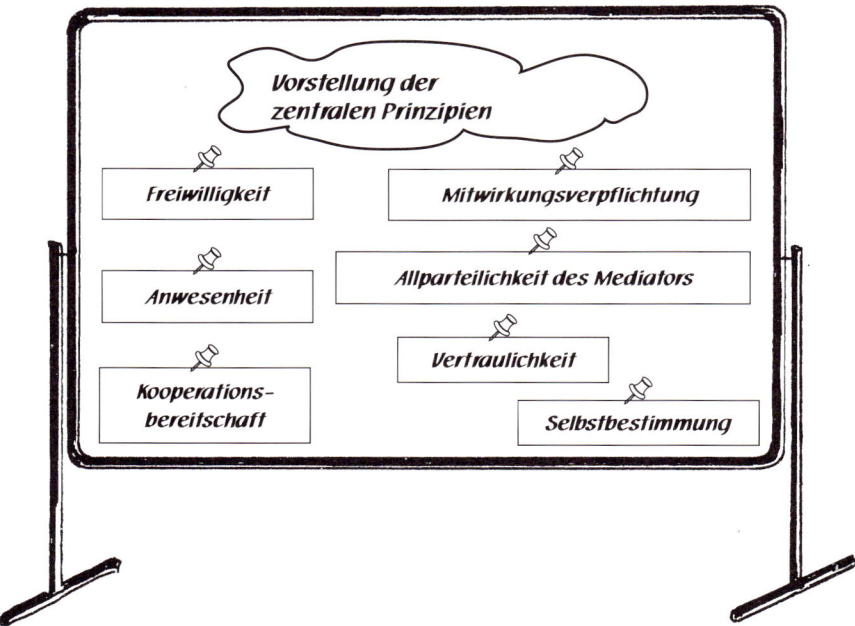

wichtig, dass Sie Zeit und Ruhe haben, um Ihre Sichtweisen zu schildern.« Und so weiter. – Der Mediator ist dafür zuständig, das Gespräch ausgewogen voranzutreiben.

Nach der Vereinbarung der Grundregeln, zu Beginn der Mediation bittet der Mediator alle Konfliktparteien, nur ihn anzusprechen und vorerst nicht direkt miteinander zu reden. Erst später – nachdem alle den Konflikt definiert und geschildert haben, das Gesagte von dem Mediator zusammengefasst wurde – ist es im Laufe der weiteren Mediation auch möglich, dass sie direkt miteinander reden bzw. »verhandeln«.

❖ **Die Mediationsregeln – die grundlegende Voraussetzung für eine erfolgreiche Mediation – werden vorgestellt und anschließend mit allen Streitparteien vereinbart.**

Die Beteiligten werden gefragt, ob sie noch eine weitere Regel zur Vereinbarung für sinnvoll oder notwendig erachten. Sie werden auch gefragt, ob sie Nachfragen oder Erwartungen haben, die sie jetzt loswerden möchten.

Mediationsregeln

Respekt und Toleranz
Die Konfliktparteien erklären sich bereit, einander Respekt und Toleranz entgegenzubringen. Das heißt in erster Linie, dass sie sich ausreden lassen und die Würde der anderen Menschen achten.

Freiwilligkeit
Die Konfliktparteien erklären sich bereit, an der Mediation teilzunehmen und zusammenzuarbeiten.

Kooperationsbereitschaft und Eigenverantwortlichkeit Alle verpflichten sich, aktiv mitzuwirken und sich an die Grundregeln zu halten!

Vertraulichkeit (Vertrauensschutz) und Verschwiegenheit Das, was gesagt wird, bleibt unter uns und wird nicht weitererzählt. (Wenn nötig, darauf hinweisen, dass der Mediator kein Zeugnisverweigerungsrecht hat.)

Offenheit und Ehrlichkeit
Alle sind bereit zu versuchen, ihre Gefühle und Meinungen offen und ehrlich auszudrücken.

Zuhören
Alle erklären sich bereit, sich gegenseitig zuzuhören. Das bedeutet: wenn eine Person »dran« ist, wird sie nicht durch eine andere Person unterbrochen.

Fairness, keine Beleidigungen oder Handgreiflichkeiten Das Problem oder den Konflikt angreifen, nicht die Menschen. Beschimpfungen und andere Formen der verbalen oder körperlichen Gewalt werden nicht toleriert.

Zeitmanagement
Alle sind bereit, eine gewisse Zeit für das erste und eventuell nachfolgende Gespräche einzuräumen. Alle wissen, wie viel Zeit zur Verfügung steht und eingeplant werden muss.

DD   Definieren und diskutieren – Die Phase des Mitteilens

Der Konflikt oder das Problem wird nun definiert und diskutiert. »**DD – Definieren und diskutieren**« fängt mit dem »Sich-Mitteilen« an:

❖ **Der Mediator vermittelt, strukturiert und leitet das Gespräch.** Der bisherige Stand des Konflikts oder Problems wird geschildert.
❖ **Danach werden die Betroffenen gebeten, ihre Sichtweise darzulegen.** Die Konfliktparteien sprechen abwechselnd zu dem Mediator: Eine Person redet mit »Ich-Botschaften«, alle anderen hören aufmerksam zu und der Mediator fasst das Gesagte kurz zusammen. Das heißt, jede Partei erklärt aus ihrer Sicht, was vorgefallen ist und welche Gefühle das bei ihr ausgelöst hat. Zum Beispiel: »Was ist passiert? Wie ging bzw. geht es dir dabei?« An dieser Stelle sprechen die Konfliktparteien den Mediator an, um nicht gleich miteinander reden zu müssen. Die Parteien hören einander aufmerksam zu ohne sich gegenseitig zu unterbrechen. Der Mediator unterstützt beide Parteien, Ich-Botschaften oder Ich-Aussagen zu formulieren und dabei, das Problem oder den Konflikt genauer zu definieren und zu erläutern.

Eine komplette Ich-Botschaft hat vier Teile:

1. Ich fühle mich …
2. wenn er/sie/du/Sie/jemand/ …
3. weil …
4. und ich möchte, brauche oder will ….

Vergleiche Kreidler 1984 und Gibble/Vitiello 1995.

KLATSCH…
TRATSCH…
LABER, LABER…

STOP! DAS KANN ICH NICHT AKZEPTIEREN!

❖ **Die Kunst des Fragenstellens**

Es gibt sehr viele Methoden und Strategien, um nachzufragen und Menschen zu helfen, ihre Hemmschwelle zu überwinden und zum Reden zu bewegen. Die Hauptsache ist, dass der Mediator »offene« Fragen anwendet: Fragen, die nicht mit »Ja« oder »Nein« beantwortet werden. Als Grundsatz gilt auch: Kurze »Wie«- statt »Warum«-Fragen stellen. Offene Fragen regen die Erzählenden an, ihre Sichtweisen darzustellen und treiben sie nicht in die Enge. Außerdem braucht jede Streitpartei die gleiche Zeit und die gleiche Chance, ihre Meinungen und Befindlichkeiten zu äußern. »Fairness« ist wichtig!

❖ **Die Zielsetzung dieser Konflikterhellung beinhaltet**
- Die Sichtweisen und Motive von jeder Person transparent zu machen und deren Anliegen konkreter zum Ausdruck zu bringen,
- Die Bedürfnisse und Interessen zu identifizieren und
- wenn es nötig ist, eine Klärung von verborgenen Gefühlen, Hintergründen, Unterstellungen, Verdächtigungen, unterschiedlichen Wertesystemen und Auswirkungen des Verhaltens des Einzelnen auf alle.
- Wenn es Bedarf gibt – eine zusätzliche Diskussion zur Wahrnehmung und Überprüfung der Beurteilung, da menschliches Verhalten vieldeutig ist.
- Die Konfliktparteien werden gebeten, die andere Sichtweise mit ihren eigenen Worten zusammenzufassen.

Persönliche Selbstbekräftigung der Beteiligten und das Fördern des eigenverantwortlichen Agierens entpuppen sich immer wieder als die wesentlichen Elemente für eine konstruktive Konfliktbearbeitung.

Entscheidend zum Abschluss dieser Phase ist der Perspektivenwechsel: Ob sich die Betroffenen in die Lage des anderen hineinversetzen können. Die Konfliktparteien werden gebeten, die andere Sichtweise mit ihren eigenen Worten zusammenzufassen.

Kapitel-Tipp: Siehe auch
P – Perspektivenwechsel

Siehe auch E – Erkunden
der Eisgebirge und S –
Synthese.

Z Zusammenfassen – Nachfragen und klären

❖ **Der Mediator fasst alle Sichtweisen zusammen und versucht, eine für alle Parteien befriedigende Definition des Problems zu formulieren.**

Er kann auch unter bestimmten Umständen die »Einigkeit in der Uneinigkeit« (vgl. Hagedorn 1994, Seite 32) – die gemeinsamen Interessen und Ziele »unter den Eisbergen« benennen.

Dabei kann das weitere Verständnis füreinander angebahnt werden. Wenn die Streitenden nur das wahrnehmen, was sie trennt und kränkt, ist dies umso notwendiger. Eine Formulierung einer Synthese wäre: »Sie haben sich beide sehr aufgeregt und waren beide entsetzt darüber, was der andere gesagt/gemacht/getan hat.«

»Prozesse gehen rund!«

❖ Der Mediationsprozess ist oft kreisförmig, nicht linear.

Das bedeutet: Wir können nicht wie mit einer »Checkliste« die wesentlichen Punkte schnell abhaken. Menschen begreifen, arbeiten und verarbeiten mit unterschiedlicher Geschwindigkeit. Daher wird es in der Praxis immer wieder passieren, dass kurz vor, während oder nach der Zusammenfassung weitere Probleme, Aspekte des Konflikts oder Befindlichkeiten auf den Tisch gebracht werden.

Wenn zum Beispiel etwas sehr gravierend für einen Betroffenen ist, wiederholt er dies, bis klar ist, dass es angekommen ist. Der Mediator nimmt das neue Mitgeteilte beim Spiegeln auf und fasst alles zusammen. Dies ist normal und kann in vielen Fällen eintreten. Danach ist es üblich, bei allen Beteiligten nachzufragen, ob sie noch Ergänzungen haben oder ob noch etwas fehlt, um dann wieder an den vierten Schritt – Zusammenfassen – anzuknüpfen.

❖ Die Aufgabe des Mediators ist, den Streitenden zu helfen, ihr Problem oder ihren Konflikt selbst zu bearbeiten – ohne deren Verantwortung dafür zu übernehmen!

Als Mediator haben wir die Herausforderung, sowohl Verantwortung abzugeben, als auch Verantwortung anzunehmen. Wir gewährleisten einen fairen Austausch und unterstützen konstruktive Kommunikation und einen kooperativen Umgang. Das Gespräch wird von den Beteiligten inhaltlich gefüllt. Das heißt, wir halten viele Elemente in Gleichgewicht. Eine Metapher für diesen Balanceakt ist der Verkehrspolizist in der Mitte der Kreuzung, der als »Ampel« für verschiedene Richtungen und vier Straßenrichtungen funktionieren muss. Er dreht sich, und mit seinen Handzeichen dirigiert er, welche Autos Vorfahrt bekommen – gleichzeitig signalisiert er den anderen, dass sie bitteschön halten müssen. Durch fließende Zeichen, Körperdrehungen und Kontakt zu allen Seiten wird der Verkehr geregelt.

Wie schon erwähnt, sind auch die Dreiecke, die wir unter B vorgestellt haben, sehr nützlich als Anleitungen (siehe Seiten 41, 44 und 48).

❖ Als Mediatoren orientieren wir uns am Prozess – nicht am Ergebnis.

Kurz: es ist uns wichtig, dass die Autos und Fahrräder abwechselnd in jede Richtung weiterfahren können und es nicht zu einem Stillstand kommt. Wohin sie alle fahren, wissen wir jedoch nicht.

1 *Ideengewitter – Lösungen suchen und sammeln*

❖ **In diesem Schritt werden alternative Lösungen gesucht und Ideen gesammelt.** Das bedeutet, wir stellen die Fragen: Was können wir tun? Was halten wir für eine mögliche Lösung bzw. Teillösung?

❖ **Dies ist die Sammelphase konstruktiver Alternativen.** Die Konfliktparteien überlegen sich mögliche Lösungen für ihren Streit. Ihre Vorschläge werden vom Mediator unzensiert – ohne Kommentar, Sanktion und ohne Wertung – gesammelt und zusammengefasst. Dadurch setzt »Brainstorming« neue Kräfte und Ideen frei.

❖ **Kritik findet jetzt nicht statt.** So genannte Killerphrasen wie »das geht nicht«, »Quatsch« sind verboten. Mit der Unterstützung des Mediators werden ganz zum Schluss die Vor- und Nachteile ihrer verschiedenen Lösungsvorschläge erwogen. Wenn niemand anfangen will bzw. niemand eine Idee hat, ist es hilfreich, die Grundregeln ins Gedächtnis zu holen: Kooperation und Mitwirken wurden verabredet! Hilfsmittel können die Streitparteien auch dabei unterstützen, ihre Ideen zu konkretisieren.

Siehe auch H – Hilfsmittel.

Unerfahrene Mediatoren haben die Neigung, besonders in dieser Phase Ideen gleich selbst vorzuschlagen, um das Gespräch voranzutreiben. Es kommt einem so vor, als ob die Streitparteien Hilfe gebrauchen könnten, oder wegen des knappen Zeitraums wird ein ungeheurer Leistungsdruck erzeugt, und man will den Abschluss des Gesprächs beschleunigen. Dabei übernimmt der Mediator die Hauptverantwortung selbst und entlastet die Beteiligten. Dies ist allerdings nicht der Sinn der Sache und kann dazu führen, dass die Betroffenen sich nicht mit der Lösung identifizieren können. Kurz: die Beteiligten schlagen Lösungsansätze vor – nicht der Mediator. Er ist dafür zuständig, ein freies Gedankenspiel zu fördern bzw. einen Gedankenfluss anzuregen und darauf zu achten, dass alle Betroffenen frei »weiterspinnen« können und sich nicht gegenseitig mundtot machen oder die Ideen gleich entwerten oder verwerfen. Es kommt auf die Teamarbeit an!

Demzufolge muss genügend Zeit vorhanden sein oder gefunden werden, um die Streitenden zu unterstützen, selber Lösungsvorschläge zu benennen und sie dann später kritisch zu überprüfen und – in der nächsten Phase – zu vereinbaren. Diese Art der Konfliktbearbeitung und Konsensfindung wird umso wichtiger und haltbarer, weil sie von den Streitenden selbst kommt – es ist »ihre eigene Lösung« und stammt nicht von einem Außenseiter.

F Fertig? Einverstanden? – Ausprobieren!

❖ In diesem Stadium wird Übereinkunft und Einverständnis erreicht. – Es folgt also die Frage: **Was tun wir jetzt?!**

❖ **Die Verwirklichung verschiedener Vorschläge wird jetzt von den Konfliktparteien abgewogen.** Eine engere Auswahl der Lösungsansätze wird von den Beteiligten getroffen und überprüft. Zum Schluss einigen sich die Konfliktparteien auf eine konkrete Lösung, Teillösung bzw. auf eine eher prozessorientierte Vereinbarung. Dies wird möglichst schriftlich zusammengefasst, zum Beispiel in Form eines Vertrags, den jeder unterzeichnet. Wenn es notwendig erscheint, kann auch ein Mediator den Kontrahenten helfen, ihre Lösung umzusetzen. Er fragt unter anderem: »Wer tut was, wie und bis wann und wo?« Am besten ist es, wenn klare Festlegungen getroffen werden, die von dem Mediator gespiegelt werden und auf jeden Fall eindeutig von allen verstanden und abgesegnet werden. Der Mediator bedankt sich für die konstruktive Zusammenarbeit und gratuliert zum Erfolg und Abschluss des ersten Gesprächs.

❖ **Am Ende einer Mediation gibt es unterschiedliche Traditionen und Formen,** die zum Teil auch Rituale einschließen: zum Beispiel verschiedene Versöhnungsgesten wie die Hand geben, sich umarmen, gemeinsam Essen gehen oder ein Abschlussfest zusammen feiern.

Wenn Konflikte bearbeitet werden, bekommen diejenigen, die sich angestrengt und selbst Vorschläge eingebracht haben, das Gefühl, ihr Leben im Griff zu haben. Da ein Mediator eine Bevormundung oder Bewertung ausschaltet, erleben sie, dass ihre Meinung zählt. Dies erweitert ihr Selbstbewusstsein und ihre Kompetenzen – auf einmal sind sie nicht mehr ohnmächtig oder Opfer des Geschehens, sondern aktive Gestalter ihres Lebens.

Ein konstruktiver Kreislauf entsteht durch Selbstbestätigungen, Erfolgserlebnisse und die Erkenntnis, dass eine Person doch etwas bewirken kann. Nach dem Motto: **»We can make a difference!«**

Viele Ideen für »Schlusssituationen« finden Sie in dem gleichnamigen Buch von Karlheinz A. Geißler.

F Fortsetzung oder Follow-up-Treffen vereinbaren

❖ In diesem siebten Schritt findet eine Überprüfung, gegebenenfalls Korrektur oder Ergänzung der getroffenen Entscheidung statt.

❖ Wichtig ist später – nach der ersten Umsetzungsphase – zu erfragen, ob die ursprüngliche Übereinkunft von beiden Konfliktparteien eingehalten wurde. Bei Nachfolgetreffen wird geklärt, ob die Lösung oder Vereinbarung das gewünschte Ergebnis für beide Konfliktparteien brachte. Kurz gesagt: Die Probezeit wird überprüft. Wenn die Antwort »Ja« lautet, ist Lob angesagt! Wenn »Nein« – wird der Prozess der Konfliktbearbeitung fortgesetzt und gegebenenfalls nochmals von vorne begonnen oder es wird beim dritten Schritt »Definieren und diskutieren« angesetzt.

Zum Beispiel:

Einstieg wieder ganz von vorne: »Moment bitte. Sie sind sehr aufgebracht. Lassen Sie uns eine Pause machen, bevor wir weiter diskutieren, was nach Ihrer Meinung schief gelaufen ist. Wichtig ist, dass Sie beide die Zeit haben, sich zu beruhigen.

Einstieg beim dritten Schritt: »Was ist das Problem und warum meinen Sie, dass die vorherige Vereinbarung keine Lösung ist?«

Dr. Duly's Sieben-Schritte-Modell 1 – 2 – DD – Z – I – F – F

1 Die wichtige Vorarbeit

Das »ABC« – **A**tmosphäre, **B**eziehungen, **C**ourage

Atmosphäre für eine Mediation schaffen: die »vier A's« – **A**llparteilichkeit, **A**kzeptanz, **A**nerkennung und **A**ffirmation;

Beziehungen aufbauen;

Courage zur Mitarbeit vermitteln und die Kontrahenten ermutigen, vorerst Stress abzubauen und nachzudenken: »Was ist mir momentan wichtig?«.

2 Herstellen einer konstruktiven Kommunikation im geschützten Rahmen

Zunächst die Rolle des Mediators erklären:

– Der Mediator handelt allparteilich, hilft beiden Parteien. Das heißt: Er entscheidet nicht, wer Recht oder Unrecht hat.

– Der Mediator verurteilt nicht das vergangene Verhalten der Konfliktparteien, sondern sucht gemeinsam mit ihnen nach konstruktiven Lösungen für die Zukunft.

– Der Mediator strukturiert das Gespräch, ermutigt und gibt den Takt an.

Die Grundregeln vereinbaren:

Respekt und Toleranz
Die Konfliktparteien erklären sich bereit, Respekt und Toleranz entgegenzubringen.

Freiwilligkeit und Kooperationsbereitschaft
Die Konfliktparteien erklären sich bereit, an der Mediation teilzunehmen und zusammenzuarbeiten. Jeder verpflichtet sich, aktiv mitzuwirken.

Vertraulichkeit
Das, was gesagt wird, wird nicht weitererzählt.

Offenheit und Ehrlichkeit
Alle Beteiligten sind bereit, Gefühle und Meinungen offen und ehrlich auszudrücken.

Zuhören
Alle erklären sich bereit, sich gegenseitig zuzuhören. Keiner wird unterbrochen!

Fairness, keine Beleidigungen oder Handgreiflichkeiten
Es gilt: Das Problem oder den Konflikt angreifen, nicht die Menschen. Beschimpfungen und andere Formen der verbalen oder körperlichen Gewalt werden nicht toleriert.

Zeitmanagement
Alle sind bereit, für die Mediationssitzungen eine gewisse Zeit einzuräumen. Alle wissen, wie viel Zeit wir haben und einplanen sollen.

DD Definieren und diskutieren – Die Phase des Mitteilens

Jede Partei erklärt aus ihrer Sicht, was vorgefallen ist und welche Gefühle das bei ihr ausgelöst hat. (Was ist passiert? Wie ging bzw. geht es dir dabei?) An dieser Stelle können die Konfliktparteien den Mediator ansprechen, um nicht gleich miteinander reden zu müssen. Die Parteien sprechen abwechselnd und hören einander aufmerksam zu. Der Mediator fasst das Gesagte jeweils kurz zusammen. Bei dem Perspektivenwechsel können später auch je nach Fall die Konfliktparteien gebeten werden, die Meinung ihres Gegenübers zusammenzufassen.

Z Zusammenfassen – Nachfragen und klären

Der Mediator fasst abschließend die Sichtweisen zusammen und versucht, eine für beide Parteien befriedigende Definition des Problems zu formulieren.

I Ideengewitter – Lösungen suchen und sammeln

Die Konfliktparteien überlegen sich mögliche Lösungen. Der Mediator strukturiert das Gespräch weiter und spiegelt alle Beteiligten. Ein Mediator mischt sich nicht ein und bietet selbst keine Lösungen an.

F Fertig? Einverstanden? – Ausprobieren!

Jetzt einigen sich die Konfliktparteien auf eine konkrete Lösung, Teillösung bzw. auf eine eher prozessorientierte Vereinbarung. Dies wird möglichst schriftlich zusammengefasst (zum Beispiel als Vertrag). Der Mediator bedankt sich für die konstruktive Zusammenarbeit und gratuliert zur Lösung.

F Fortsetzung oder Follow-up-Treffen vereinbaren

Wichtig ist noch, später nachzufragen, ob die Lösung eingehalten wurde bzw. ob sie das gewünschte Ergebnis für die Konfliktparteien brachte. Wenn die Antwort »Ja« lautet, ist Lob angesagt! Wenn »Nein« – wird der Konfliktlösungsprozess fortgesetzt und bei dem ersten oder dritten Schritt angesetzt.

D Deeskalation und Dialog

Deeskalation

Manchmal kommte es vor, dass ein Betroffener völliges Desaster befürchtet: »*Ach!* Jetzt gibt es keinen Ausweg – ›no turning back‹ – und wer sich einmischt, wird in der Pfanne mitgebraten.« Wenn ein Fall so heiß und entzündbar ist, muss er im Vorfeld entschärft werden.

Ein Konflikt kann emotional so hochgekocht werden, dass eher Misstrauen, Rache und Vergeltungswünsche im Vordergrund stehen. Dies wird als Konfliktverhärtung bezeichnet. In diesem Zustand ist eine Bearbeitung des Konfliktes sehr schwierig, ja vielleicht überhaupt unmöglich. In diesem Fall können Sie sich folgende Metapher vorstellen.

Ein Konflikt ist wie eine Bombe, wenn wir uns wünschen, dass sie in die Luft fliegt, dann machen wir sie scharf und zünden sie. Wenn eine Bombe scharf ist und wir wollen aber keine Explosion, dann müssen wir Maßnahmen ergreifen, um sie zu entschärfen.

Es gibt zwei Hauptwege, um zu deeskalieren:

❖ *Physisch:* Am einfachsten ist es, die Streitenden voneinander zu trennen und Auszeiten für beide einzuräumen. So können sie sich getrennt sammeln und unabhängig voneinander überlegen, was passiert ist, was sie wollen und wann sie bereit sind, darüber zu sprechen.
❖ *Sprachlich:* Es gibt Sprachmuster, die eine heiße Situation entschärfen: Dazu gehört die Sprache der »vier A's« vom ersten Kapitel (siehe auch Seite 12ff.).

Dialog

Dialog – ein lebendiger kommunikativer Austausch, bei dem Botschaften empfangen, gedeutet und erwidert werden!

Nachdem eine Konfliktsituation entschärft wurde, ist die Zeit reif, einen Dialog einzuleiten. Dabei sorgt der Mediator für einen ausgewogenen Dialog und für Prozessgerechtigkeit durch den Einsatz der »vier A's«, der Bewahrung der zwischenmenschlichen Beziehung und durch Strategien und Techniken der Sieben-Schritte-Methode »1 – 2 – DD – Z – I – F – F«.

Konfliktsituationen unterscheiden sich sehr voneinander. Was für die Bearbeitung zwischen zwei Streitenden gestern in einem gewissen Kontext und Zeitraum gut war, muss nicht die Antwort für den nächsten Konflikt sein. Ich selbst bin auf der Suche nach einem universellen gemeinsamen Nenner in der Konfliktbearbeitung immer wieder beim Dialog gelandet. Menschen in Dialog zu bringen ist eine anspruchsvolle Aufgabe. Je nach Bereitschaft und Möglichkeit der Konfliktparteien sowie den Rahmen- und Zeitbedingungen der Situation kann unsere Geduld ganz schön auf die Probe gestellt werden.

Der Dialog kann nicht nur zur weiteren Entschärfung und Klärung, sondern auch als Instrument der Verschärfung dienen. In manchen Fällen müssen Konflikte erst aufgedeckt werden, um etwas in einem System der Ungleichheit zu verändern. Dieses »Veröffentlichen« muss mit Vorsicht geschehen, und sollte am besten durch geschulte Mediatoren vorgenommen werden.

E Emotionale Intelligenz, Einzelgespräche, Eskalationsdynamik und Erkunden der »Eisgebirge«

Emotionale Intelligenz

Als Einstieg stellen Sie sich bitte folgende Begebenheit vor, die Daniel Goleman in seinem Buch »Emotionale Intelligenz« beschreibt:

»Es war ein unerträglicher schwüler Augustnachmittag in New York, es herrschte jene schweißtreibende Wetterlage, die den Menschen Unbehagen bereitet und sie reizbar macht. Auf dem Rückweg ins Hotel stieg ich an der Madison Avenue in einen Bus, dessen Fahrer mich verblüffte. Es war ein Schwarzer in mittlerem Alter, der ein strahlendes Lächeln zeigte und mir beim Einsteigen ein freundliches ›Hey, wie geht's‹ entgegenrief, ein Gruß, den er jedem neuen Fahrgast entbot, der während der Fahrt durch den dichten Innenstadtverkehr einstieg. Alle waren genauso verblüfft wie ich, und in der vorherrschenden mürrischen Stimmung gefangen, gab kaum einer den Gruß zurück.

Doch während der Bus sich durch die Straßen vorwärts schob, vollzog sich eine allmähliche, ganz wundersame Verwandlung. Der Fahrer lieferte uns einen ständigen Monolog, einen anregenden Kommentar zu dem Geschehen, das an uns vorüberglitt: In dem Geschäft da kauft man ungeheuer günstig, in diesem Museum ist eine wundervolle Ausstellung zu sehen, haben Sie schon von dem neuen Film gehört, der in dem Kino da drüben gerade angelaufen ist? Die vielfältigen Möglichkeiten, die die Stadt bietet, entzückten ihn, und das war ansteckend. Als es ans Aussteigen ging, hatten alle die mürrische Schale, mit der sie eingestiegen waren, abgeworfen, und wenn der Fahrer ihnen ›Bye-Bye, viel Spaß heute!‹ zurief, lächelten sie zurück.

Seit fast 20 Jahren begleitet mich die Erinnerung an diese Begegnung. … Dieser Busfahrer, dessen Fahrgäste den Virus des positiven Gefühls in der Stadt verbreiteten, war in meinen Augen so etwas wie ein Friedensstifter, mit einer hexenmeisterhaften Fähigkeit, die mürrische Gereiztheit, die in seinen Fahrgästen kochte, zu verwandeln und ihre Herzen ein wenig zu besänftigen und zu öffnen« (Seite 9–20).

Schon 1972 schrieb Rogers: »Eine Atmosphäre des Akzeptierens, des Respekts und des tiefen Verstehens ist ein gutes Klima für persönliches Wachsen ...« (Seite 214)

Emotionale Intelligenz ist sehr wichtig und der Umgang mit Emotionen ist absolut notwendig. Der Erwerb der emotionalen Elementarkenntnisse fängt in der Wiege an und beeinflusst die Charakterstärke und Persönlichkeitsentfaltung einer Person, die Einstellungen zu sich und anderen Menschen sowie die Beziehungsfähigkeit.

Wie Daniel Goleman beschreibt und auch beweist, sind Gefühle und ihre Handhabung essentiell, nicht nur im alltäglichen Leben einer Gesellschaft, sondern ebenso klinisch bedeutsam, wenn es um die dauerhafte Gesundheit der Menschen geht. »Wenn man den Menschen hilft, mit ihren beunruhigenden Gefühlen – Zorn, Angst, Depression, Pessimismus und Einsamkeit – besser fertig zu werden, betreibt man bereits gesundheitliche Vorbeugung« (Seite 233). Emotionale Unterstützung hat eine heilende Kraft. Ebenso berichtet Jean Liedloff 1990 über Erfolge im »Loeb Center for Nursing and Rehabilitation« des Montefiore Krankenhauses in New York, das im Jahre 1966 die Rückfallquote durch »eine Methode des ›Akzeptierens‹ und der Ermutigung der Patienten, über ihre Probleme zu reden« um 80 Prozent gesenkt hat.

Es ist nicht nur wichtig, die eigenen Gefühle zu spüren, zu identifizieren und zu akzeptieren, sondern auch zu lernen, turbulente Gefühle zu beschwichtigen, ohne sie zu verleugnen. In einem verbalen Wirbelwind innezuhalten und abzukühlen ohne auszurasten ist für viele Menschen nicht einfach. Nach meiner Überzeugung wird ein Streit oder ein Konflikt je nach Grad der vorhandenen emotionalen Intelligenz bei den Betroffenen eher in konstruktiven oder destruktiven Bahnen verlaufen. Von daher schließt der Auftrag eines Mediators zwangsläufig und selbstverständlich die Schulung wichtiger Elemente der emotionalen Intelligenz mit ein. Zum Teil sind sie schon oben erwähnt worden.

❖ **Selbstvertrauen und Selbstwertgefühl**
   Beispielsweise die Zuversicht, dass das gelingt, was man in der Regel unternimmt; Glauben an eigene Kompetenzen.

❖ **Neugier**
   Zum Beispiel eine positive und aufgeschlossene Einstellung und Freude gegenüber neuen Ideen, Entwicklungen usw.

❖ **Selbstbeherrschung**
   »Die Fähigkeit, das eigene Handeln altersgemäß zu regulieren und zu kontrollieren; ein Gefühl innerer Kontrolle.«

❖ **Intentionalität und Zielstreben**
»Der Wunsch und die Fähigkeit, eine Wirkung zu erzielen und beharrlich an ihr zu arbeiten.«

❖ **Verbundenheit und Einfühlsamkeit**
»Die Fähigkeit, sich auf andere einzulassen, basierend auf dem Gefühl, von anderen verstanden zu werden und andere zu verstehen.«

❖ **Kommunikationsfähigkeit**
»Der Wunsch und die Fähigkeit, sich über Ideen, Gefühle und Vorstellungen verbal mit anderen auszutauschen.«

❖ **Kooperationsbereitschaft**
Die Fähigkeit und Bereitschaft, zusammenzuarbeiten, Bedürfnisse von sich selbst und anderen wahrzunehmen und abzustimmen.

Die Zitate sind aus Goleman 1995, Seite 245. Er zitiert hier den Bericht von 1992 des National Center for Clinical Infant Programs »Heart Start: The Emotional Foundation of School Readiness«.

In der Funktion als Mediator versuche ich, die kommunikativen Kompetenzen der Beteiligten zu fördern, um eine eigenständige Selbstbestimmung und Entscheidungsfindung zu entwickeln. Ich assistiere somit den Streitenden beim Artikulieren ihres Anliegens. Ein Resultat der emotionalen Intelligenz, welches in der Mediation gleich von Anfang an große Bedeutung hat, ist die erlernbare Fähigkeit, mit schlechten Stimmungen umzugehen, wie diese beispielsweise bei Kränkungen, Wut oder Zorn aufkommen. In diesem Sinne kann eine Mediation eine Arena zum Weiterlernen anbieten, indem Streitende zu einer produktiven Auseinandersetzung »gecoacht« (beraten) werden.

Einzelgespräche

Einzelgespräche sind sehr hilfreich, besonders wenn Konflikte bereits eskaliert sind. Einzelgespräche können auch einen allgemeinen Einstieg erleichtern, um ohne Zeitdruck und starke Spannung Kontakt zu jeder Partei aufzunehmen und mit den »vier A's« und der Bewahrung der Beziehung anzufangen. Die intensive Hinwendung zu den jeweiligen Konfliktparteien und das Ernstgenommen-Werden durch den Mediator zeigt das Interesse an den Anliegen der Parteien. Gleichzeitig ist dies eine Wertschätzung: »Diese Sache ist so wichtig, dass ich als Mediator unbedingt mit Ihnen alleine – in aller Ruhe – reden will.«

Solche Gespräche müssen mit den üblichen verabredeten Regeln durchgeführt werden. Darüber hinaus ist es wichtig, dass alle Beteiligten klar und deutlich verstehen, worum es geht und dass alle die gleiche Gelegen-

ES GIBT VIELE GEFÜHLE

heit zum Gespräch bekommen. Eine strenge Vereinbarung zur Vertraulichkeit ist wichtig: Alles, was während einer Sitzung gesagt wird, bleibt im Kreise des Mediators und des Konfliktpartners. Nur wenn der Beteiligte es wünscht und erlaubt, wird der Gehalt eines Einzelgesprächs enthüllt, angesprochen oder mitgeteilt.

Einzelgespräche oder getrennte Beratungsgespräche können auch in Fällen angebracht sein, in denen die Betroffenen gewisse Informationen oder Details nicht in Anwesenheit des Kontrahenten ansprechen und diskutieren wollen.

Einzelgespräche sind dagegen nicht effektiv, wenn die Beteiligten eine heimliche Verschwörung befürchten und sich Misstrauen aufbaut. Gleichfalls sind sie nicht angebracht, wenn die Parteien die Befürchtung äußern, dass sie bei Einzelgesprächen viel zu kurz kommen. Unzulässig sind sie in Situationen, in denen ein Betroffener ausdrücklich sein Veto einlegt. Wenn dies der Fall ist, muss man darauf verzichten und mit beiden Parteien gleichzeitig arbeiten. Einzelgespräche können dazu beitragen, folgende Ereignisse zu überwinden:

❖ Wenn es zum Rückschritt statt Fortschritt im Mediationsprozess kommt;
❖ wenn wichtige Informationen bei einem oder mehreren Beteiligten zurückgehalten werden;
❖ wenn Stagnation oder Blockade des Prozesses eintritt;
❖ wenn ein gemeinsamer Nenner von Interessen oder Bedürfnissen unmöglich erscheint;
❖ wenn höchste Spannung und offensichtliche Feindseligkeiten und Böswilligkeiten erkennbar sind;
❖ wenn reziprokes Handeln vorherrscht, nach dem Motto: Auge um Auge …;
❖ wenn es zur Sabotage kommt;
❖ wenn Wutanfälle auftreten und sich eine der Parteien der Diskussion sperrt.

Folgende Vorteile und mögliche Wirkungen der Einzelgespräche lassen sich aufzeigen:

❖ Weiterentwicklung und Diskussion möglicher individueller Alternativen;
❖ Wiederherstellbarkeit der Bereitschaft zur Mitarbeit;

❖ offizielle Auszeiten für beide Parteien;
❖ verstärkte Aufmerksamkeit und Achtsamkeit;
❖ Zeit zur Beruhigung und zum Nachdenken;
❖ Bewusstwerdung und Bewältigung von Wahrnehmungshürden;
❖ Auseinandersetzung mit schwerwiegenden unterschiedlichen Auffassungen und Interessen, sogenannten »Stolpersteinen« der Konfliktbearbeitung;
❖ Bekräftigung des individuellen Selbstvertrauens;
❖ Äußern von persönlichen Befindlichkeiten, Dampf ablassen;
❖ Aufdecken und Aufarbeiten von Widerständen;
❖ Wille zu möglichen Zugeständnissen stärken;
❖ Verstärkung der Vertrauensbasis;
❖ Entwicklung einer »besten Alternative«;
❖ Festigung des Verantwortungsbewusstseins.

Eskalationsdynamik

Sie	Er
Ich verstehe dich nicht. Du stellst mich vor vollendete Tatsachen.	Nichts ist richtig, was ich sage.
Mensch, du drehst mir das Wort im Mund um.	Mir wird's wieder schlecht.
Wie soll ich mit dir reden?	Ganz normal.
Das tue ich längst.	Ja, du provozierst perfekt.
Mein Gott, jetzt ist aber Schluss.	Sei endlich Mal konsequent.
Du aggressives Monster.	Es gibt keine Worte für eine Schlampe wie dich.
Geh! Jetzt geh! Ich will dich nicht mehr sehen!	Mit Vernügen gehe ich – und komm nicht auf die Idee, mich aufzuhalten!
Du übertreibst maßlos!	

Eine Eskalation ist ein komplexes Phänomen. Es gibt kulturelle, soziale, individuelle und physiologische Faktoren, die alle eine Rolle spielen, wenn ein Konflikt eskaliert. Um die Dynamik besser verstehen zu können, ist es wichtig, zuerst auf die »individuelle Ebene« zu schauen und zu begreifen, was in einem Mensch vorgeht. Wut und Zorn sind der übliche Treibstoff einer zwischenmenschlichen Eskalation. Die Anatomie eines Wutanfalls gleicht einem brodelnden Vulkan: Im Extremfall übernimmt der limbische Antrieb das Steuern aller Gedanken und Taten. Die Menschen sind im wahrsten Sinne des Wortes »außer sich« – primitiv und kopflos. In solchen Fällen können Menschen ihre Gewalttaten nicht unterbinden, geschweige denn, sich daran erinnern. Allerdings ist dies keine Entschuldigung. Denn die meisten Menschen besitzen genügend Intelligenz, gewaltfreie Handlungsalternativen zu lernen. Zentral bei der zwischenmenschlichen Eskalation sind sowohl die physischen als auch emotionalen und kognitiven Prozesse.

Es gibt viele Leute, die die Vorstufen der Eskalation überhaupt nicht wahrnehmen. »Es geschieht«, und da sie vorher achselzuckend weggeschaut haben bzw. die Intensität ihres Empfindens verharmlost haben, sind sie plötzlich Opfer ihrer Gefühle. Wie eine turbulente Lawine kommen die Gefühle so schnell ins Rollen, dass der Mensch selbst seinen Handlungsraum nicht mehr spürt. Tatsächlich können Emotionen, wie

zum Beispiel eine allgemeine Gereiztheit, die unterhalb der Bewusst-
seinsschwelle gärt, unsere Wahrnehmungen und Reaktionen mächtig beeinflussen, sogar wenn wir von ihrem Wirken zuerst nichts ahnen.

Ein Gefährdungssignal geht aber nicht nur von einer bloßen körperlichen
Bedrohung aus, sondern häufiger von einer symbolischen Bedrohung
der Selbstachtung oder der Würde. Wie im zweiten Dreieck in Kapitel B
beschrieben handelt es sich um eine der drei Hauptursachen von Konflikten, beispielsweise dem Grundbedürfnis nach Anerkennung und Akzeptanz: Eine Person wird ungerecht, schroff oder aggressiv behandelt bzw.
wird erniedrigt, unterdrückt oder beleidigt oder in der Verfolgung eines
wichtigen Ziels behindert.

»Diese Wahrnehmungen wirken als Auslöser einer limbischen Aufwallung, die
sich auf das Gehirn zweifach auswirken. Zum einen werden Katecholamine
ausgeschüttet, die für einen raschen ›kurzfristigen‹ Kräftestoß sorgen, ausreichend … für ›eine energische Tat wie bei Kampf oder Flucht‹. Dieser Kräftestoß
hält einige Minute an, in denen er den Körper in die Lage versetzt, tüchtig zu
kämpfen oder rasch zu flüchten, je nachdem, wie das emotionale Gehirn den
Gegner einschätzt.

Währenddessen erzeugt eine andere, vom Mandelkern ausgehende Woge
durch den adrenokortikalen Zweig des Nervensystems einen allgemeinen ›to-
nischen‹ Hintergrund der Handlungsbereitschaft, der sehr viel länger anhält
als der durch Katecholamine bewirkte Kraftstoß. Diese generalisierte adrenale
und kortikale Erregung kann Stunden und sogar Tage anhalten; sie hält das
emotionale Gehirn in einem speziellen Erregbarkeitszustand und wird zur
Grundlage, auf der weitere Reaktionen besonders rasch aufbauen können.
Die durch die adrenokortikale Erregung herbeigeführte Gereiztheit erklärt,
warum Menschen sehr viel stärker zu wütenden Reaktionen neigen, wenn sie
bereits durch etwas anderes provoziert oder leicht verärgert wurden. Stress
jeder Art ruft eine adrenokortikale Erregung hervor und senkt die Schwelle für
mögliche Wutauslöser. Wer in der Arbeit einen ›schweren Tag‹ hinter sich hat,
kann dann zu Hause leichter in Wut geraten, wenn beispielsweise die Kinder
zu laut sind, was aber unter anderen Umständen nicht ausreichen würde, um
ein emotionales Entgleisen auszulösen. …

Jeder weitere zornerregende Gedanke, jede Wahrnehmung in dieser Abfolge
wird zu einem Miniauslöser für vom Mandelkern angetriebene Ausschüttungen
von Katecholaminen, die die hormonale Wucht der vorangegangenen Ausschüttungen verstärken. Ehe die erste abgeklungen ist, kommt schon die nächste, darauf türmt sich eine dritte und so weiter; jede Woge überlagert sich den

Nachwirkungen der vorangegangenen, sodass das physiologische Erregungs-niveau des Körpers rasch eskaliert. In diesem sich aufschaukelnden Prozess löst ein Gedanke, der später auftaucht, einen weit heftigeren Zorn aus als einer, der zu Anfang auftaucht. Zorn nährt Zorn, das emotionale Gehirn erhitzt sich. Durch keine Vernunft mehr gefesselt, kann Zorn jetzt leicht in Gewalt ausarten.

An diesem Punkt sind die Menschen unversöhnlich, sie lassen nicht mehr mit sich reden; ihre Gedanken kreisen um Rache und Vergeltung, ungeachtet der Folgen.« *(Goleman 1995, Seite 84, 86)*.

Wie schon erwähnt, werden Konflikte nicht unbedingt ausgetragen, wenn sie als nicht so wichtig erscheinen. Deshalb stellen wir fest: Wenn ein Konflikt zu eskalieren beginnt, sind beide Konfliktparteien daran beteiligt – ob sie dies wollen oder nicht.

Das Hauptziel einer Mediation wäre in solchen Fällen, zuerst nach Dr. Duly's Sieben-Schritte-Modell zu deeskalieren: alle zu besänftigen, um hinterher die Sachverhalte und Gefühlsempfindungen zu identifizieren und anzunehmen. Danach definieren wir durch die Aussage der Involvierten die Parameter oder Hauptfaktoren eines Konflikts und streben an, auf einen gemeinsamen Nenner zu kommen.

Vergleiche auch
W – Wutmanagement

Erkunden der Eisberge oder »Eisgebirge«

Ein klassisches Gleichnis in der Literatur ist das Eisbergmodell. Im Konfliktfall symbolisiert der Eisberg die zum großen Teil versteckten Beziehungs-, Gefühls- und Interessensaspekte unter Streitenden: 5/9 bis 7/9 der Masse schwimmen unter Wasser und sind nicht auf Anhieb erkennbar.

Seit der Durchführung eines Seminars zur interkulturellen Mediation 1995 verwende ich die Metapher von zwei Eisbergen oder einem »Eisgebirge«. Stellen Sie sich vor:

Ein klassischer Konflikt zwischen zwei Kontrahenten stellt sich dar wie zwei große Eisberge. Da sich beide dicht nebeneinander befinden, sehen sie wie ein »Eisgebirge« aus. Sie sind irgendwo tief unter dem Wasser verbunden und teilen eine gemeinsame Fläche. Nur ein Bruchteil von jedem Eisberg – die Spitze – ist über der Wasseroberfläche sichtbar. So sind Mimik, Sprachmelodie, Lautstärke und Beschuldigungen in unserem Streitfall an der Oberfläche.

Die anderen Teile der beiden Eisberge liegen unter Wasser und sind unsichtbar. Sie können symbolisieren: verletzte Gefühle und Normen, versteckte Nöte, Ziele, Wünsche. Diese Reste der beiden Eisberge fließen zum Teil zusammen und beinhalten die Schlüsselelemente der Konfliktbearbeitung und mögliche Lösungen.

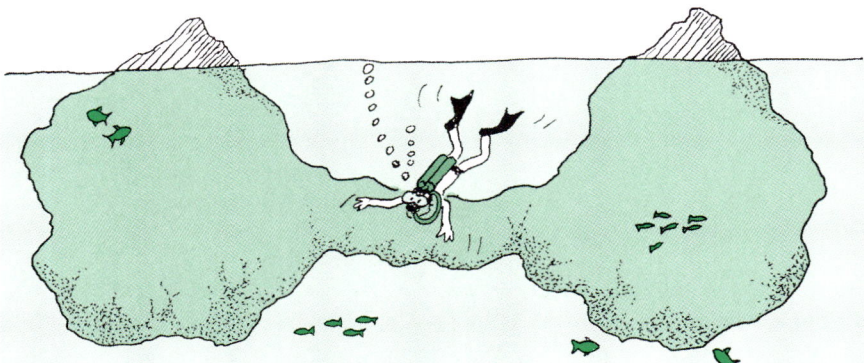

Bezogen auf diese Metapher ist dann das Ziel des Mediators, wie ein Detektiv die Bereiche beider Eisberge zu erkunden und das Wichtigste mit Vorsicht und Achtsamkeit sichtbar zu machen. Dies ist für die Bearbeitung eines Problems oder Konflikts unabdingbar. Mediation macht das transparent, was noch nicht ausgesprochen ist, was aber unbedingt angesprochen werden muss. Im Vergleich zu einer Therapie bleiben wir allerdings nicht für eine längere Zeit »unten« – im Unsichtbaren. Mediation soll auch keine Selbsterfahrungsgruppe sein: Wir inszenieren keine Nabelschau. Im Gegenteil, wir holen das hervor, was aktuelle Dringlichkeit hat und stellen die Essenz dieses Mitgeteilten und die verborgenen Beweggründe jeder Konfliktpartei im Prozess der Mediation zur Verfügung.

F Falleignung und Fort-Schritt-bei-Schritt

Falleignung

Hier stellt sich die Frage, wann sich ein Fall für die Mediation eignet. Denn nicht immer kann die Mediation eingesetzt werden. Ein Fall kommt dann in Frage, wenn ein Problem, ein Konflikt oder ein Schaden benannt wird oder erkennbar ist; wenn die Beteiligten ihre grundsätzliche Freiwilligkeit und Bereitschaft zur Mitwirkung äußern können und wollen. Eine Angelegenheit ist geeignet, wenn die direkte Konfliktaustragung in einer offenkundigen Sackgasse endet, und die Beteiligten doch noch eine einvernehmliche Bearbeitung anstreben, sich aber geradezu ratlos fühlen.

Ein Mediator kann zum Beispiel ein starres und erfolgloses, auf dem Prinzip »Auge um Auge« basierendes Vorgehen durch sein Einschalten durchbrechen.

Ungeeignet ist dagegen ein Fall, bei dem eine starke geistige oder intellektuelle Behinderung vorliegt. Gleiches gilt bei gravierenden Abhängigkeitsdelikten. Eine weitere Einschränkung tritt ein, wenn institutionelle Auflagen, Sanktionen oder strukturelle Ziele durchgesetzt werden sollen.

Vgl. auch Grenzen der Mediation, Seite 88f.

Ohne Zuhilfenahme einer erfahrenen Person ist ein Fall nicht geeignet, der sich mit illegalen Tatbeständen bzw. Straftaten beschäftigt. Bei sexuellem Missbrauch, Vergewaltigung oder Schwerverbrechen stellt das Mediationsverfahren beispielsweise keine geeignete Primärmethode dar. Der Täter-Opfer-Ausgleich, eine spezielle Form der Mediation, wird in einzelnen Fällen angestrebt und durchgeführt. Das ist abhängig von vorhandenen Institutionen und Kompetenzen. Die Voraussetzungen dafür sind: ein ausgebildeter Vermittler, der getrennte Vorgespräche mit dem/den Geschädigten und Beschuldigten sowie eine intensive Betreuung im Sinne einer Versöhnung und Wiedergutmachung übernimmt.

Fort-Schritt-bei-Schritt

Der Anspruch, den alle Mediatoren an sich stellen, erfordert es, eine fragende Haltung zur Klärung aufrechtzuhalten, um sich Schritt für Schritt einer Lösung anzunähern bzw. eine Bearbeitung zu unterstützen. Dies ist der Gegensatz zum Auftreten als der »allwissende Guru«! Fort-

Schritt-für-Schritt ist nicht so einfach und bedeutet, sich immer wieder auf die Kernpunkte der Fragenden zu besinnen:

❖ Stellen Sie zum Beispiel fest: »Mensch! Es ist doch frustrierend, in eine Situation geraten zu sein, in der wir als Mediatoren im ersten Augenblick nicht weiterwissen«, dann sagen Sie sich: »Dies kommt immer wieder vor!« Daher stellen Mediatoren zu Beginn offene Fragen: »Eröffnungs-« und »Informationsfragen«. In diesem Stadium konzentrieren wir uns in erster Linie auf das Sammeln.

❖ Wenn wir meinen, dass wir einen Fehler gemacht haben, dann gehört dies zu unseren Lernprozessen. Wir müssen den Schaden begrenzen und uns die Zeit dafür nehmen, daraus zu lernen. Wir können uns als Mediator durchaus entschuldigen und die Beteiligten fragen, wo wir stehengeblieben waren. Wir können auch eine Pause einlegen, uns kurz meditativ besinnen und überlegen, welche Klärungsfragen jetzt auf die Tagesordnung kommen können.

❖ Obwohl es keine Allgemeinrezepte für jede mögliche Situation bzw. Störung gibt, existieren jedoch Strategien: »Auch wenn Sie nicht sofort erfolgreich sind: Probieren Sie nochmals!« Die Hauptsache ist, dass wir als Mediatoren in unserer Art und Sprache konstruktiv, vertrauens- und glaubwürdig bleiben. Wenn wir selbst merken, dass unsere Geduld am Ende ist, wenn wir innerlich eine Antipathie verspüren oder eine Abscheu aufsteigt, dann haben wir ein klares Signal erhalten, entweder mit dem Konfliktbearbeitungsprozess zu pausieren oder ihn gänzlich zu vertagen.

»If at first you don't succeed – try, try again!«

G Grundannahmen des Mediationsverfahrens, geduldige Grenzsetzung und Grenzen der Mediation

Grundannahmen des Mediationsverfahrens

Folgende Grundannahmen lassen sich festhalten:

❖ Die zentrale These in der Mediation lautet: Konfliktaustragung kann äußerst gesund sein und eine wertvolle Chance zur Klärung bieten. Ausschlaggebend ist, wie wir dies tun!

❖ In China gibt es zwei Symbole für den Begriff »Konflikt«: »eine mögliche positive Veränderung« und »eine mögliche Gefahr«. Fazit: Wir können entscheiden, ob wir die Chance und Gelegenheit zur Klärung nutzen oder ob wir uns der möglichen Gefahr aussetzen, in der nicht gebannte wilde Emotionen und Missverständnisse eine Mauer errichten.

❖ Konstruktive Konfliktbearbeitung ist ein Prozess, nicht ein Produkt.

❖ Die Einbeziehung einer dritten Partei kann die Konfliktaustragung positiv beeinflussen, da sie eine unabhängige, nicht-verstrickte, neutrale oder überparteiliche Sicht mitbringt und Ausschau nach kreativen Ideen und alternativen Wegen halten kann.

❖ Die Förderung von zahlreichen Fähigkeiten und Fertigkeiten der Beteiligten innerhalb eines Mediationsgesprächs ermächtigt Menschen, zukünftig Probleme und Konflikte erfolgreich zu konfrontieren und zu bearbeiten.

Das Mediationsverfahren ist auf den verschiedensten Anwendungsgebieten ein basisdemokratischer Vorgang, bei dem Gleichberechtigung, direkte Kooperation und Eigenverantwortung hervorgehoben werden.

Geduldige Grenzsetzung

»Die Fliege auf dem Gesicht Ihres Nachbarn entfernen Sie besser nicht mit einem großen Beil!« – Dies ist ein chinesisches Sprichwort, das genau wiedergibt, worauf es in der Mediation ankommt. In genau diesem Sinne bringt ein Mediator viel Geduld auf. Er sucht angemessene Formulierungen und verkörpert in dieser Position eine gesunde Grenzsetzung und erläutert die Grundregeln. So verhilft er allen durch geschickte Steuerung zu klaren Aussagen und zur Entscheidungsfindung.

Wie schon geschildert, ist eine Grenzsetzung und Umrahmung der Mediationsabläufe durch eine Vereinbarung von Regeln als Einstieg gleich zum Anfang notwendig. Ein Mediator kann immer wieder in die Lage kommen, die Betroffenen auf die vereinbarten Regeln hinzuweisen und das Gespräch wieder in konstruktive Bahnen zu lenken. Diese Grenzsetzung bewahrt den geschützten Raum und darf nicht in Vergessenheit geraten.

Ferner liegt es auch an der Geschicklichkeit eines Mediators, dem Reichtum seiner Erfahrung und seines Wissens, sich Klarheit über seine eigenen Grenzen und Möglichkeiten zu verschaffen, und diese gegebenenfalls transparent zu machen. Das heißt, die Grenzen der Mediation als Intervention und die Grenzen des Mediators als Vermittler müssen in einer konstruktiven Art und Weise bekannt gegeben werden. Dies geschieht vor allem in Fällen eigener Befangenheit oder Antipathie, bzw. bei rechtlichen Unklarheiten oder psychischen Störungen der Beteiligten. Manchmal führt dies allerdings dazu, dass eine Mediation als unzulänglich, nicht ausreichend oder nur als ein Bruchteil des notwendigen Handelns und der erforderlichen Interventionen empfunden wird.

Grenzen der Mediation

Sogar bei einem ursprünglich geeigneten Fall ist bei gleichzeitigem oder dauerhaftem Eintreten der folgenden Konstellationen eine Mediation *nicht sinnvoll*:

❖ Es existiert ein immenses Machtgefälle: Die Machtverhältnisse sind extrem asymetrisch und unausgeglichen. Ein Konfliktpartner sitzt an dem Hebel der Macht und lässt den anderen völlig in Ohnmacht dahinvegetieren.
❖ Das Gleichgewicht der Macht ist weder für die Partei, die unterdrückt, noch für die unterdrückte Partei erstrebenswert.
❖ Es bestehen gravierende Unterschiede bei den Wertorientierungen.
❖ Die Beteiligten haben ein geringes Interesse an ihrer zukünftigen Beziehung und suchen hauptsächlich einen Schiedsrichter.
❖ Eine oder mehrere involvierte Personen sind zu gestresst und schwer belastet für rationale Diskussionen. Oder sie scheinen eine Therapie oder intensivere Betreuung zu benötigen.
❖ Ein Konflikt ist für einen Betroffenen belanglos und unwesentlich. Die Motivation zur Klärung fehlt.
❖ Eine oder mehrere Parteien ziehen ihre persönlichen Grenzen, und erklären sich nicht bereit, weiter mitzumachen.
❖ Die Mediation dient nur als ein schwacher Ersatz für ein ordnungsgemäßes juristisches Handeln.
❖ Die Zeit ist äußerst knapp und nicht ausreichend.

❖ Eine politische Minderheit beginnt gegen ihre Unterdrückung zu demonstrieren und eine Revolution oder eine Befreiungskampagne zu organisieren. (Es geht dabei um eine Gruppe von Menschen, die einen Konflikt eskalieren lassen muss, um überhaupt erst einmal darauf aufmerksam zu machen.)

Das Reden und eine konstruktive Gesprächsführung sind nicht immer das Allheilmittel zum Erfolg, zur Verständigung oder zur Konfliktbearbeitung. Tatsächlich ist auf die bestehende Gefahr hinzuweisen, echte gewaltsame Feindschaften durch Redezwang auszulösen.

Nach meiner Auffassung ist die Mediation eher als Prozess der Konflikttransformation zu definieren, nicht als eine bloße »Problemlösungs-Methodik« oder trockene Technik. Die Philosophie der Mediation beinhaltet nicht, auf Biegen und Brechen Harmonie aufrechtzuerhalten bzw. wiederherzustellen, oder einen voreiligen Kompromiss zu unterbreiten.

Ferner wird es schwierig, konstruktive Prozesse in Gang zu bringen, wenn ein Vermittlungsgespräch als Manipulation von einer Partei benutzt wird, den Kontrahenten hinterhältig eins auszuwischen. So habe ich am Ende einer langjährigen Beziehung erkannt und erklärt: Es benötigt zwei Menschen, um eine Beziehung aufzubauen, aber nur einen, sie vollkommen zu zerstören.

Eine Mediation kann dann so ausgehen, dass das Ergebnis keine »echte Lösung« ist: »they agree to disagree« – sie stimmen überein, dass sie nicht übereinstimmen. Dann können beim »Ideengewitter« Vorschläge dazu gesammelt werden: Wie sie sich in ihrer Beziehung mit ihren zwei sehr unterschiedlichen Einstellungen arrangieren könnten? Welchen Beitrag jeder leisten könnte, dass diese grundlegende Unvereinbarkeit ihrer Meinungen gegenseitig respektiert wird?

Wenn eine Machthierarchie stark ausgeprägt ist, eine Partei ständig unterdrückt wird, und sich herausstellt, dass eine Partei zu einer Mediation gezwungen wird und kein Eigeninteresse zeigt, ist es sehr fraglich, ob eine Mediation überhaupt etwas Konstruktives bewirken kann.

H Hilfsmittel und harte Fälle

Hilfsmittel

Mein persönlicher Leitsatz lautet:
Mediation ist eine Kunst!

Denn es ist eine Herausforderung für jeden Mediator, Wege zu finden, die allen Parteien helfen, in den Konfliktbearbeitungsprozess einzusteigen und diesen aktiv mitzugestalten. Umso wichtiger ist es, die Hilfsmittel zu beherrschen. Wenn wir in Betracht ziehen, wie unterschiedlich Menschen sind, welch multiple Intelligenzen es gibt, dann wird dies noch deutlicher.

Die typische akademische Kategorie von »Intelligenz« ist veraltet – es gibt mehrere Spielarten von Intelligenz. Howard Gardner (1993) widerlegte die starre IQ-Denkweise und stellte sieben verschiedene Arten von Intelligenzen dar: verbal, mathematisch-logisch, räumlich, kinästhetisch, musikalisch, interpersonal und intrapsychisch. Menschen verfügen also über unterschiedliche Talente, Kompetenzen und Kanäle des Lernens, unter anderem visuelle, auditive und kinästhetische.

Daraus kann man logischerweise ableiten, dass es verschiedene Hilfsmittel gibt, die den Konfliktbearbeitungsprozess ankurbeln können:

Siehe M-Metapher, E-Einzelgespräche, T- Techniken der Gesprächsführung

- ❖ Verbildlichung und Visualisierung des Gesagten.
- ❖ »Versachlichung« des Problems oder Konfliktgegenstands, beispielsweise mit Puppen, Figuren, theaterpädagogischen Zugängen wie »Bildhauer-Statuen«-Übungen oder Statuentheater.
- ❖ Getrennte Beratungsgespräche mit den Beteiligten.
- ❖ Anwendung von Metaphern.
- ❖ Doppeln.
- ❖ Techniken der Gesprächsführung.

Der Einsatz von einem oder mehreren Hilfsmitteln hängt unter anderem von der Situation, der Altersstufe der Konfliktpartner, der Intensität und Vorgeschichte des Konflikts sowie der Persönlichkeit des Mediators ab. Beispielsweise würde ich niemals unerwartet in einem interkulturellen Konflikt zweier Erwachsener mit theaterpädagogischen Ansätzen anfangen. Solche Instrumente sind in diesem Kontext höchstwahrscheinlich fehl am Platz. Sie sind eher geeignet für eine Schulmediation zwischen Kontrahenten, die schon einige Konflikte hinter sich gebracht haben und die Mediationsprozedur kennen. Von daher müssen wir unseren Handlungsspielraum für solche Verfahrensweisen bereits im Vorfeld gut einschätzen können. Dies ist eher eine Frage der bisher erworbenen Kompetenzen, der Übung, der professionellen Anleitung sowie des »Learning by doing« – es geht also um Erfahrungslernen und Handlungswissen.

Harte Fälle

Wenn Menschen sich streiten, zeigen sie sich selten von ihren glanzvollen, besten Seiten. Sie sind nicht in Hochform, sondern knirschen mit ihren Zähnen, strecken ihre Krallen heraus und sind im Kampfmodus. Als Mediatoren sollten wir uns diesen Zustand stets vor Augen führen, um immer wieder unser Verständnis dafür zu erwecken.

Übung

Machen Sie sich Ihre Gedanken zu folgenden Fragen:
- ❖ Wie geht es uns, wenn uns jemand gerade zutiefst beleidigt hat oder geschmacklose Unterstellungen über uns verbreitet hat?
- ❖ Wie leicht ist es in einer solchen Situation, Zugeständnisse abzulegen?
- ❖ Wäre es uns lieb, wenn uns Charaktereigenschaften zugeschrieben werden?
- ❖ Welche Art von Intervention nehmen wir überhaupt an?

Die Fähigkeit, deeskalierend zu wirken und das »Eis zu brechen«, muss sich jeder Mediator unbedingt aneignen. Je nach Situation versucht ein Mediator die Konfliktparteien in einer konstruktiven Auseinandersetzung – mit den vier A's, dem Mediationskonzept »1 – 2 – DD – Z – I – F – F« zu bezaubern. Wenn es dann eine Verhärtung im Konfliktfall gibt und die Beteiligten nicht weiterzukommen scheinen oder wollen, muss er sich etwas einfallen lassen. Nach der Harvard Schule ist es sehr empfehlenswert, dass sich die Beteiligten Zeit für sich allein nehmen, um ihre »Beste Alternative« zu entwickeln.

Je attraktiver die »Beste Alternative« ist, umso größer ist ihre Entscheidungsmacht. Eine »Beste Alternative«, also eine Idealvorstellung, dient stets als zuverlässige Messlatte für die vorgeschlagenen Übereinkommen: Dadurch führen Sie allen Beteiligten genauer vor Augen, was passiert, wenn diese Mediation misslingt. Kann und will ich damit leben oder nicht? Entweder überlegt während einer Pause jeder für sich, mit Unterstützung eines Mediators im Einzelgespräch oder zwischen einigen Mediationssitzungen zu Hause für sich alleine.

Positionsgerangel könnte das Kennzeichen für einen härteren Fall sein: Jede Seite setzt ihre Willenskraft gegen die andere ein.

> »Je mehr Aufmerksamkeit man den Positionen widmet, umso weniger dringt man zu den dahinterliegenden Problemen der Parteien vor.« Fisher/Ury/Patton [15] 1997, Seite 23

Die Beharrung auf Positionen provoziert unkluge Einigungen, da sich eine Partei oft unterworfen vorkommt. Wie schon oben erwähnt, stellt in solch einem Fall das Aufweichen der Positionen ein Ziel dar: Ein Mediator spiegelt die Interessen, stellt offene Fragen und erkundet die aktuellen verborgenen Interessen, Ziele und unterschwelligen Emotionen »unter dem Eisgebirge«.

Es gibt manche Mediatoren, die in diesem Zusammenhang von »Shifting« reden. Sie meinen damit den Weg von einer positionellen Verhärtung hin zu der Identifizierung der Bedürfnisse, Interessen und der Aufdeckung der Bezugspunkte. An dieser Stelle ist dann die Hälfte des Halbkreis-Weges zur Lösung beschritten. Nun müssen die Parteien »die Kurve kriegen«, indem sie die verschiedenen Wahrheiten und Reaktionen voneinander achten. Dann können sie im »Shifting«-Modell voraussichtlich bald zu einer gegenseitig befriedigenden Einigung kommen. Die

Problematik dabei ist, mit allen Beteiligten auf die Ebene von möglichen gemeinsamen Bedürfnissen und Interessen zu gelangen.

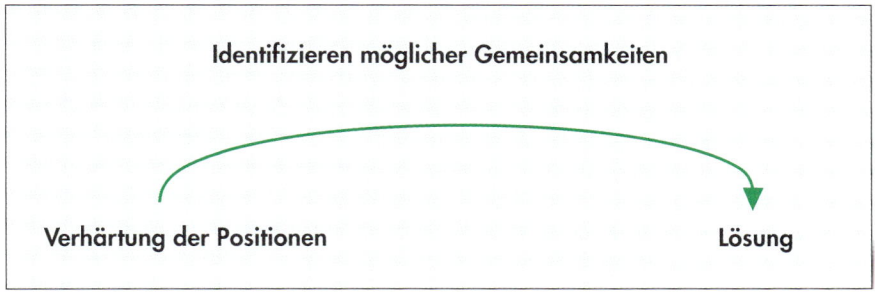

Weitere Handlungsalternativen in harten Fällen habe ich im Folgenden kurz zusammengefasst. Die Reihenfolge ist nicht unbedingt einzuhalten und eher als ein Vorschlag gemeint. Sie können zum Beispiel feststellen, dass es mehr Sinn macht, eine Mediation zu beenden und sich dann für einen späteren Zeitpunkt zu Einzelgesprächen zu verabreden. Es kann nach meiner Erfahrung auch passieren, dass Sie die Grundregeln ständig ins Gedächtnis der Streitenden zurückrufen müssen, dies aber nichts zu bewirken scheint. Als hilfreich hat sich in der Praxis zudem erwiesen, gleich mit einer konfrontativen Ich-Botschaft mitzuteilen, dass Sie die Mediation unterbrechen müssen, wenn es weiter so läuft. Kurz: Überlegen Sie, welche Abfolge für Sie bzw. für Ihre Fälle sinnvoll und situationsgemäß ist, wenn Sie es mit einem schweren Fall zu tun haben.

Wichtig ist für alle Mediatoren: Achten Sie auch auf Ihre eigene Körperhaltung, Sprachwahl und Tonlage. Dies kann wichtig und entscheidend sein. Wirkt ein Mediator unsicher, nervös und unklar, verringert sich die Motivation der anderen, mitzuarbeiten. Wirkt ein Mediator dagegen selbstsicher, kompetent und gewandt, wächst die Zuversicht der Betroffenen in zunehmendem Maße. Hinzu kommt die eigene Weiterbildung: qualifizierte Mediatoren tauschen sich in der Regel aus, treffen sich auf Fachtagungen und suchen die eigene Supervision.

Zehn Strategien zum Umgang mit harten Fällen

1. Machen Sie auf einen Grundregelverstoß aufmerksam und steuern Sie das Gespräch zurück zu einem konstruktiven Austausch.

2. Tragen Sie zur Erinnerung wiederholt die Grundregeln kurz und knapp vor.

3. Senden Sie immer wieder Ich-Botschaften darüber, wie schwer es tatsächlich ist, einen Konflikt zu bearbeiten und vermitteln Sie Ihre Hoffnung, dass alle Beteiligten die Geduld und Kraft aufbringen können und sich noch bemühen wollen.

4. Achten Sie auf die Körpersprache und den Sprachgebrauch. Deeskalieren Sie (siehe D – Deeskalation; E – Eskalation sowie K – Körpersprache)!

5. Weisen Sie auf die Tatsache hin, dass Sie die Mediation bald beenden müssen, wenn die Streitparteien nicht kooperieren wollen oder können.

6. Versuchen Sie, das Gesprochene so umzuformulieren, dass die negativen Inhalte neutralisiert werden und die versteckten Wünsche, Ziele und Gefühle zum Ausdruck kommen (siehe S – Spiegeln; T – Techniken der Gesprächsführung).

7. Knüpfen Sie an alle Punkte an, in denen es Gemeinsamkeiten gibt (siehe S – Synthese).

8. Ohne Kausalbeziehungen zu einer Partei zu erörtern, appellieren Sie an die Streitparteien, was sie zu verlieren haben, und offenbaren Sie die Folgen ihres Tuns, wenn der Konflikt weiter eskaliert.

9. Vereinbaren Sie Einzelgespräche (siehe E – Einzelgespräche) und ziehen sie gegebenenfalls weitere Hilfspersonen mit ein, zum Beispiel eine Übersetzungshilfe oder einen »Doppler« (siehe T – Techniken der Gesprächsführung).

10. Legen Sie eine Pause, Schweigeminute oder Auszeit für alle ein bzw. beenden Sie die Mediation gleich, wenn eine weitere Klärung oder Bearbeitung nicht möglich erscheint.

I Das »Interkulturelle«

Debattiert wird bereits seit vielen Jahren, worin zwischenmenschliche Unterschiede und die Verschiedenartigkeit der Kulturkreise bestehen, und ob diese als Grundlage für Missverständnisse, Missachtung, Krieg usw. anzusehen sind. Dieses Thema ist ein äußerst komplexes und manchmal verwirrendes Phänomen, da wir gleichzeitig alle gleich und doch anders sind.

Im Allgemeinen kann Kultur mit einem verinnerlichten Reiseführer verglichen werden, der unsere Wahrnehmung bestimmt. Er interpretiert und erklärt die Welt, die uns umgibt. Kultur vermittelt uns Wahrnehmungsfilter, die dann unser Denken und Fühlen prägen. Oftmals sind wir uns unserer kulturellen Filter nicht bewußt. Ein einfaches Beispiel: Warum hat der Affe den Fisch aus dem Wasser herausgezogen?

Haben Sie die Frage beantwortet? Es ist ganz einfach: Um den Fisch vor dem Ertrinken zu retten. Wie oft geht es uns wie dem Affen oder wie dem Fisch? Interkulturell bedeutet demnach die Beziehung zwischen mindestens zwei verschiedenen kulturellen Systemen.

Was macht das »Interkulturelle« in einem Konfliktfall aus? In meinen Seminaren begleite ich angehende Mediatoren bei dieser komplexen Fragestellung. Ihnen möchte ich an dieser Stelle einige wesentliche Punkte nennen. Gleichzeitig muss ich aber darauf hinweisen, dass »interkulturelle Kommunikation und Konflikttransformation« ein vielschichtiges Gebiet und ein Thema an sich ist. Vorab gilt: Es gibt kein Patentrezept für eine Mediation in einem interkulturellen Konflikt. Die Bedeutung und der Ausdruck von Konflikten sowie der Wunsch nach Verleugnung, Duldung oder Beseitigung unterscheidet sich von Kultur zu Kultur. Es gibt aber verschiedene Anhaltspunkte, an denen man sich orientieren kann.

Vergleiche Lederach 1992 und 1995; Augsburger 1992

In Anlehnung an John Paul Lederachs phänomenologisches (beschreibendes) und polychromes (mehreres geschieht nebeneinander) Modell kann eine interkulturelle Konfliktklärung oder Mediation grob in drei Phasen gegliedert werden:

1 Der Einstieg – »Getting In«
Der Einstieg dient in erster Linie der Vertrauensbildung: Aufbau eines sozialen Netzwerkes zur Verständigung.
2 Herstellen von Kontakten und die Bearbeitung des Konflikts – »Staying In«
Das Herstellen von Kontakten und die Konfliktbearbeitung umschließt den Umgang mit Blockaden und Widerständen, das Besprechen, das lockere Plaudern und die Ausarbeitung von Vereinbarungen ein.
3 Der Ausstieg – »Getting out«
Beim Ausstieg ist es wichtig, dass alle Beteiligten die Ausarbeitungen der Vereinbarungen befürworten und mit dem Abschluss des Prozesses einverstanden sind.

Die erste Phase: Der Einstieg

Um einzusteigen, benutze ich die Metapher »Map-Making – Einen Weg zeichnen«. Als Mediator fange ich an, mich zu erkundigen, welche Art des Umgangs für diese Situation paßt und ebne gemeinsam mit den Betroffenen einen Weg zur Konfliktbearbeitung. Ich muss ihr Vertrauen gewinnen und eine Basis mit ihnen aufbauen. Ich stelle selbst laut Fragen, bevor ich anfange, ein Netzwerk von sozialen Beziehungen aufzubauen bzw. mich einzubinden. Beispielsweise:

❖ Aus mindestens zwei verschiedenen Perspektiven gilt es, die Frage zu beantworten: Worum geht es hauptsächlich?

❖ In welchem Kontext ist der Konflikt entstanden?

❖ Wer ist beteiligt oder betroffen?

❖ Aus welchen Kulturkreisen stammen die Betroffenen?

❖ Gibt es ein Gleichgewicht der Macht? – Wie wird es ausbalanciert?

❖ Ist eine Konfliktpartei Mitglied einer Randgruppe oder fühlt sich mehr unterdrückt als die andere?

❖ Gibt es kulturspezifische Prägungen, Stile oder Merkmale, die den Konflikt beeinflussen oder beeinträchtigen?

❖ Wer oder was könnte mir Orientierungshilfe geben?

Die zweite Phase: Das Herstellen von Kontakten und die Bearbeitung des Konflikts

Das Hauptziel in dieser Phase besteht darin, den roten Faden zu behalten, am Ball zu bleiben, um den Konfliktbearbeitungsprozess in Gang zu halten und gleichzeitig voranzutreiben. Dieses Modell skizziert diese Phase als eine Erkundungsreise und markiert nur die Hauptrichtung: pendeln zwischen der Vertrauensbildung, der Bearbeitung von Blockaden und dem Ausarbeiten von Vereinbarungen. Ein Mediator nimmt die Rolle eines Katalysators (anstatt eines Experten) an und lässt sich den Prozess je nach kulturellem Kontext, Regeln, Sitten, der Motivation und den Möglichkeiten der Konfliktparteien entfalten.

Die oben erwähnten Fragen für den Einstieg in die erste Phase sind eventuell noch relevant. Alle Beteiligten sind herausgefordert, kreativ Wege zu suchen, auf denen sich alle aufgehoben fühlen und bereit sind, miteinander zu reden. In manchen Kulturen kann es sein, dass diese Phase eher informell und indirekt ablaufen muss. Menschen nähern sich persönlich, sprechen über etwas anderes, und Schritt für Schritt enthüllen sie aus ihrer Sicht den Gegenstand des Konflikts. Im Kontrast dazu kann in anderen Kulturkreisen diese Phase die explizite Festlegung von offiziellen Sitzungen bedeuten, wobei sich alle Beteiligten zur Teilnahme verpflichten. Auf jeden Fall wird eine Bearbeitung des Konflikts angestrebt. Die Kunst ist, dies sowohl geschehen zu lassen, als auch zu begleiten.

Die dritte Phase: Der Ausstieg

Nachdem die Beteiligten ihren Konflikt benannt und besprochen haben, Vereinbarungen bereits ausgearbeitet wurden, suchen sie nun eine Art und Weise, den Prozess abzuschließen. Es ist wiederum eine Frage des »Wie«. Dieser Ansatz bietet die Chance, situationsgerecht zu handeln. Je nach Individuen und deren Konfliktkultur werden Vorschläge bekannt gegeben und die Parteien müssen sich einigen, wie sie auseinander gehen wollen: per Vertrag für die Zukunft, mit persönlichen Versprechungen, per Abschlussvereinbarung usw.

Kurz gesagt, das polychrome Modell bezieht sich auf die Konfliktbearbeitungsmuster der jeweiligen Betroffenen, beachtet dabei die regionale Kultur und tief verwurzelte Wertorientierungen: Mediatoren importieren nicht ein globales »Konfliktrezept«, sondern integrieren Regeln, soziale Rituale und Belange in einen dynamischen Konfliktbearbeitungsprozess. Dieses Modell unterstreicht die kulturspezifische Handlungskompetenz und das Wissen aller Akteure.

Grundsätzlich ist die Kommunikation sehr erschwert, wenn Menschen ihren eigenen Stil zur universell gültigen Norm erheben. Beispielsweise befasst sich Thomas Kochman (1981) mit den kulturspezifischen Deutungsprozessen der Afro-US-Amerikaner und weißen US-Amerikaner und schlussfolgert, dass ihre Metakommunikation, Wahrnehmungsschemata, Annahmen, Selbstverständlichkeiten sich so unterscheiden, dass eine spontane, wahre Verständigung durch die unterschiedliche Kommunikation sehr beeinträchtigt wird, – ja bisweilen ganz unmöglich ist.

Deborah Tannen hat eine Reihe von Büchern zum Thema »interkulturelle Kommunikation« veröffentlicht, unter anderem zur unterschiedlichen Kommunikation von Männern und Frauen. Sie führt aus:

»Kulturell unterschiedliche Gewohnheiten, was die Intonation oder andere Mittel der Ausdrucksstärke betrifft (Lautstärke, Mimik, Gestik), sind Ursache vieler interkultureller Stereotypen und Vorurteile, bei denen einfach der Eindruck, den man von einzelnen Individuen hat, auf eine ganze Gruppe übertragen wird« (Tannen 1994, Seite 63).

Zum Beispiel wird die Intensität der Gefühle oft nach Tonhöhenkontrast und Schwankungen gemessen. Da Frauen ihre Tonlage in der Regel häufiger variieren als Männer, gelten sie oft allein deswegen als »gefühlsbetonter«. Das gleiche gilt für Angehörige verschiedener kultureller Gruppen: im allgemeinen genießt der »Südländer« den Ruf als temperamentvoller Mensch. Im Gegensatz dazu geht man von einer subtileren, monotonen Gefühlsverflachung der Menschen aus, je nördlicher man reist. Tannen führt unter anderem folgendes Beispiel an:

»Ein zu schwacher Ausdruck von Gefühlen gilt als Zeichen der Verdrängung oder in extremen Fällen als Zeichen von Katatonie. Ein zu starker Gefühlsausdruck gilt als Zeichen von Feindseligkeit oder Hysterie. Eine Japanerin, die nicht nur ohne zu weinen, sondern lachend vom Tod ihres Mannes erzählt, könnte von einem westlichen Psychologen leicht falsch beurteilt werden, wenn er nicht weiß, dass das Lachen eine in Japan übliche und erwartete Verhaltensform ist, um seine Gefühle zu verbergen« (Seite 63).

Richard Brislin und Tomoko Yoshida betonen in ihren »Cross-Cultural« (kulturübergreifenden) Trainingsseminaren vier wichtige Lernziele:

Brislin/Yoshida 1994 b

1 Ein Bewußtsein dafür weiterzuentwickeln, was Kultur und kulturelle Unterschiede ausmachen sowie ausmachen können.
2 Das kulturspezifische Wissen und die kulturellen Selbstverständlichkeiten zu erlernen, die sich vor allem von der eigenen Kultur unterscheiden.
3 Die Herausforderungen des emotionalen Gleichgewichts zu erfahren, die interkulturelle Begegnungen zwangsläufig auslösen.
4 Bestimmte notwendige Gelegenheiten und Chancen identifizieren zu können, und sich die entsprechenden Fertigkeiten und Fähigkeiten anzueignen.

Unter Experten bleibt es umstritten, wie viele Bereiche des Lebens bzw. der individuellen Identität der Kulturkreis bedingt oder beeinflusst. Nichtsdestotrotz gibt es zahlreiche zum Teil überlappende Unterschiede, die als Bestandteile einer Kultur genannt werden:

❖ Arbeit,
❖ Zeit und Raum,
❖ Sprache,
❖ Rollen: Frau bzw. Mann, Erwachsener bzw. Kind, Arbeitgeber bzw. Arbeitnehmer usw.,

❖ Bedeutung der Gruppe versus Bedeutung des Individuums,
❖ Rituale, Glaube und Aberglaube,
❖ geschlechtsspezifische Verantwortung und Verpflichtung,
❖ Hierarchien: Klasse und Status,
❖ Politik,
❖ Werthaltungen,
❖ Verhaltensmuster,
❖ Bildungssystem,
❖ Sexualität,
❖ Rechtssystem,
❖ Bedeutung eines Konfliktes usw.

Die Liste ist lang, und es wird diskutiert, dass es solche Unterschiede auch innerhalb einer Kultur gibt. Meine Antwort lautet: »Ja und Nein.« Denn meiner Meinung nach ist dies eine »Sowohl-als-auch«-Sache, wobei kulturelle Normen und Werte zum großen Teil unbewusst als »Selbstverständlichkeiten« verinnerlicht werden. Zum Beispiel wird die Verschiedenheit von Menschen eines Kulturkreises eher als bloßer »Unterschied« bezeichnet und mehrfach mit Logik oder Alltagspsychologie erklärt.

Übung

Stellen Sie sich Folgendes vor und denken Sie darüber nach:

Sie gehen in einen Laden und treffen Ihren Nachbarn, von dem Sie wissen, dass er andere Meinungen als Sie vertritt. Was denken Sie? Was fühlen Sie?

Stellen Sie sich anschließend vor:

Sie – beispielsweise als Deutscher – fahren nach Ägypten. Sie sind möglicherweise von Menschen umringt, die Kopftücher tragen bzw. eine dunklere Hautfarbe als Sie haben und die sich anders anziehen und ausdrücken. Die meisten Europäer sprechen diese Sprache nicht und können deshalb auch vieles nicht verstehen. Zudem wurden – vor einigen Jahren – viele Bilder von Attentaten auf Touristen im Fernsehen ausgestrahlt, die ziemlich beängstigend wirkten. Über die herrschende Armut und politische Unruhe kann man lesen. Stellen Sie sich vor: Sie mieten dort ein Appartement und gehen in einen Laden. Hier treffen Sie Ihren einheimischen Reiseleiter. Am Vortag wurde in seinen kurzen Ausführungen zur Geschichte des Landes klar, dass er eine andere Meinung als Sie vertritt. Was denken Sie? Was fühlen Sie?

Wenn Sie ehrlich sind, stellen Sie wahrscheinlich Unterschiede fest zwischen Ihren Empfindungen gegenüber den Menschen in den beiden Situationen, oder? Ich vermute, dass es auf jeden Fall etwas ausmacht, dass die eine Person aus Ägypten kommt und »fremd« ist, also Ihre Herkunft nicht teilt.

Wer dagegen schon eine längere Zeit im Ausland lebt und arbeitet, macht ohne Zweifel die Erfahrung, dass »Inländer« in bestimmten Situationen auf einmal Dinge mit einer anderen »Messlatte« wahrnehmen, diese deuten, und sich nach Regeln verhalten, die ein »Ausländer« einfach nicht nachvollziehen kann. Wenn kulturelle Werte aufeinanderprallen, können Menschen desorientiert, irritiert, verunsichert, aggressiv oder verschlossen reagieren. Werte, Normen, Sitten, Traditionen sind eine Art Wahrnehmungsfilter und im Menschen stark emotional »geerdet«. Sie beeinflussen, was und wie wir etwas aufnehmen, auswählen und interpretieren.

Vergleiche zu diesem Thema Langmaack/ Braune-Krikau: Wie die Gruppe laufen lernt [5]1995

Der Umgang mit dem Fremden ist eine wichtige Erfahrung: Menschen können erst dann ihre eigenen Selbstverständlichkeiten und kulturellen Skripte richtig kennenlernen. Zurück zu der Metapher auf Seite 95: Wir merken plötzlich, dass es »Affen« und »Fische« gibt – und wie unterschiedlich sie sind! Unter Umständen können sich Menschen mit einer gesunden Neugier »auftanken«, um dem Unbekannten unbeschwerter zu begegnen.

Fatalerweise können menschliche Bedürfnisse aber auch durch scharfe Konflikte und Gewalt befriedigt werden: Die »Belohnung« durch den bestehenden Konflikt ist so beträchtlich, dass der Konflikt von einer oder von beiden Seiten mutwillig genährt und so »verewigt« wird. Eine Minderung des Konfliktes wird dann sogar als Bedrohung empfunden. (Vergleiche Deutsch 1994, Seite 17f.)

Nicht nur in solchen Extremfällen stellt sich die Frage, ob sich einzelne Menschen von ihren gesellschaftlichen oder ethnozentristischen Gruppenzwängen befreien und eine kritische Distanz zu Tabus über »das Fremde« gewinnen können. Kooperation zwischen den Gruppen statt Konkurrenz kann Vorurteile beeinflussen und Stereotypen vermindern. Dadurch werden konstruktive anstelle von destruktiven Prozessen begünstigt.

Als Mediator ist es wichtig, mir – soweit dies möglich ist – der eigenen Bilder, verinnerlichten Klischees, des Unbehagens, der Ängste und Vorurteile bewusst zu werden, um Menschen verschiedener Kulturen in der

Konfliktbearbeitung begegnen und unterstützen zu können. Es ist auch nützlich, wenn ich weiß, welche Annahmen ich in mir trage und vielleicht in eine Situation hineinprojiziere.

Die folgenden Fragen thematisieren kulturelle Differenzen, die eine Mediation beeinflussen können:

1 Glaubt man, dass starke und heftige Emotionen ausgedrückt werden sollen/können? Wenn ja: *Wann und wie* sollen bzw. können solche Gefühlsausbrüche stattfinden?

2 Wird vom Mediator Unparteilichkeit und Anonymität oder Einfühlsamkeit und Teilnahme von den Betroffenen gewünscht? Welche dieser Eigenschaften gilt als vertrauenswürdig?

3 Wird es gutgeheißen, wenn man schnell zur Sache kommt oder wird dies eher als unhöflich und beleidigend empfunden, wenn keine Zeit zum Kennenlernen und Aufwärmen eingeräumt wird?

4 Gilt es als Selbstverständlichkeit, eine Sache oder eine Thematik zuerst gründlich zu behandeln (»monochronic«)? Oder werden mehrere Sachen gleichzeitig ins Gespräch eingebracht, damit jongliert und diese diskutiert (»polychronic«)? (Vergleiche dazu: Samovar/Portner 1991, Seite 222f.)

5 Wird davon ausgegangen, dass heiße Debatten eine Konfliktbearbeitung vorantreiben – oder nicht?

6 Dient das nonverbale »Hmmm« als Indiz für Aufmerksamkeit oder für Meinungsteilung?

7 Wird eine scharfe Kritik oder eine Drohung eher als Dampfablassen oder als Einschüchterung verstanden?

8 Wird direkter Augenkontakt als zugewandt, respektvoll und Vertrauen erweckend interpretiert oder eher als Signal der Herausforderung oder eines baldigen Angriffs gedeutet?

9 Legen die beteiligten Personen das Schweigen als Zustimmung/Akzeptanz, als neutrales Nachdenken oder eher als Ablehnung/Verweigerung aus?

10 Wird die Metamitteilung von Nachfragen so entgegengenommen, als ob sie echtem Interesse und Zuspruch entspringt oder wird sie als aufdringlich und unhöflich ausgelegt?

Nach den Forschungsergebnissen von Geert Hofstedes internationaler Untersuchung unter IBM-Mitarbeitern sind Menschen beispielsweise von vier charakteristischen »Dimensionen der Kultur« geprägt:

❖ *Machtdistanz:* Wie wird Macht verteilt?
❖ *Individualismus versus Kollektivismus:* Was wird eher geschätzt – die Gruppe oder das Individuum?
❖ *Unsicherheitsvermeidung:* In welchem Grad wird Unsicherheit in einer Gesellschaft vermieden?
❖ *Maskulin-Feminin:* Welche Charakterzüge sind akzeptabel und werden im Allgemeinen gefördert?

Gerd Hofstede:
Interkulturelle
Zusammenarbeit, 1993

*Siehe auch P – Perspektiven-
wechsel und T – Techniken
der Gesprächsführung*

Ausgangspunkt für eine Mediation zwischen Menschen verschiedener Kulturen ist der bewusste Umgang mit den höchstwahrscheinlich vorhandenen unterschiedlichen Wahrnehmungen, Deutungsmustern, Machtverhältnissen und Werthaltungen. Ausschlaggebend ist die Erfahrung und Erkenntnis, die ein Mediator mit sich bringt: zur Selbst- und Fremdwahrnehmung, zur interkulturellen Kommunikation. Ein Mediator muss sich kontinuierlich darüber im Klaren sein, welches Hauptziel er verfolgt: Will er eher eine Problemlösung steuern oder einen Verständigungsprozess in Gang bringen.

Ein Mediator muss in der Lage sein, eine fragende Haltung zu bewahren, den Parteien Mut zu machen und zu einer gegenseitigen Verständigung beizutragen. Wenn es beispielsweise in Deutschland um einen Konflikt zwischen Deutschen und Türken geht, wird man häufig mit einem Ballast von Klischees und Schuldzuweisungen konfrontiert, die man mit den Betroffenen sortieren und bearbeiten muss. Metaphern können eingesetzt werden als Hilfsmittel zur Verständigung.

Offene Fragestellungen sind nach einem gelungenen Einstieg mit den Konfliktparteien unentbehrlich. Für eine Bearbeitung muss ein Aspekte- oder Perspektivenwechsel gefördert und wiederholt werden.

In einem interkulturellen Kontext ist vor allem wichtig:

❖ Daß alle Beteiligten das »Nichtverstehen« aushalten können, ohne sich ständig bedroht zu fühlen.
❖ Unterschiede nicht zu leugnen, sondern lebbar zu machen und das Anderssein in der Mediation als normal anzusehen.
❖ Damit zu rechnen, dass das, was in einer Sprache gesagt wird, nicht automatisch übersetzt und so verstanden wird.
❖ Unterschiedliche Erwartungshaltung einzukalkulieren.

Wenn ich als Mediator merke, dass meine persönlichen Empfindungen einem konstruktiven Prozess im Wege stehen, habe ich folgende Wahl:

❖ Ich entscheide mich, die Mediation abzugeben und/oder suche einen Co-Mediator aus dem Kulturkreis eines meiner Klienten.
❖ Ich setze die Mediation später fort und konzentriere mich auf eine intensivere Vertrauensbildung mit den Einzelnen.
❖ Ich lade andere Bündnispartner der Beteiligten ins Gespräch mit ein und sorge dafür, dass noch eine Brücke zur Verständigung geschlagen wird.

Die Kunst der Mediation in solchen Fällen ist die kreative Prozessgestaltung und die als gerecht empfundene Entfaltung neuer Alternativen.

Es gibt ein weiteres Schema – ein Dreieck – das einen Wegweiser für die interkulturelle oder kulturübergreifende Konfliktbearbeitung und Mediation bietet. Aus einer systemischen Sichtweise heraus besteht eine Balance, wenn die drei verschiedenen Ebenen im Gleichgewicht gehalten werden. Das heißt, alle Ebenen müssen innerhalb eines Mediationsgesprächs berücksichtigt werden.

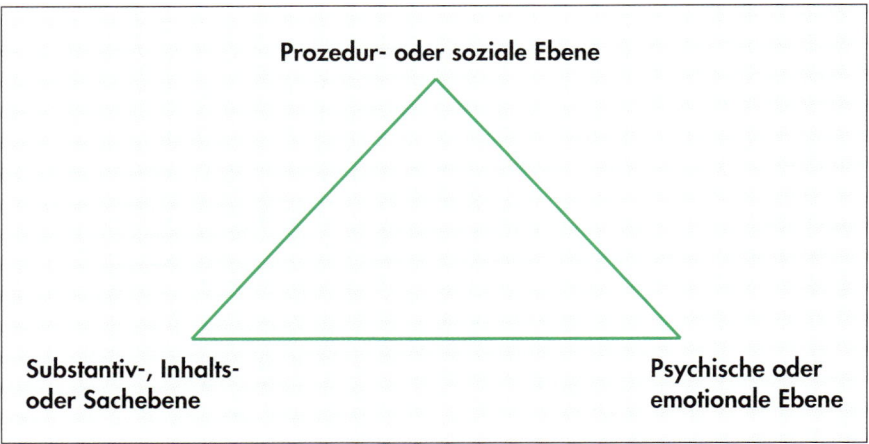

1 **Prozedur- oder soziale Ebene**
Konfliktstrategien, Konfliktstile, Konfliktverhalten, Sanktionen, Eska-
lationsprozesse

2 **Substantiv-, Inhalts- oder Sachebene**
Wissen über Konfliktgegenstand, Kenntnis beider Positionen, Entdek-
kung gemeinsamer Interessen

3 **Psychische oder emotionale Ebene**
Aufbau von Beziehungen, Wahrnehmung und Erkundung der »Inne-
ren Skripts«, Ausdrucksfähigkeit, Bilanz zwischen »Akzeptanz« und
»Konfrontation«, Affekt-»kontrolle«, Stressbewältigung

J Jammern

Unter »Jammern« wird häufig etwas Negatives verstanden: Jemand beklagt sich und eiert »jämmerlich« herum, anstatt sich vorwärts zu bewegen. Allerdings hat Jammern auch eine Funktion, die unter einigen Experten anerkannt wird: Jammern kann eine Erleichterung herbeiführen, wenn wir ein Gegenüber haben, das uns Empathie entgegenbringt und uns Aufmerksamkeit schenkt.

Bei dem Co-Counseling-Prinzip zum Beispiel geht es hauptsächlich darum, das Bedrückende sichtbar zu machen und mit der Unterstützung eines aufmerksamen Zuhörers auszusprechen und loszuwerden. Solch eine bewusste Entladung befreit eine Person wieder und verhindert, dass negative Erfahrungen zu zwingenden, gravierenden, rigiden und irrationalen Mustern von Verhalten, Denken und Fühlen führen.

Siehe Jackins 1973

Deshalb kann ein gesundes, spezifisches Jammern dazu beitragen, die Intensität der negativen Emotionen, Erlebnisse oder Gefühlslast zu mindern. Wer ein bisschen Dampf ablässt und verstanden wird, kann sich eher endgültig von diesem »Dampf« lösen. Es darf sich nur nicht zu einem überdramatisierenden Dauerjammern hinentwickeln, in dem alles immer wieder von vorne aufgerollt wird.

K Körpersprache und konstruktive Kritik

Körpersprache

Kommunikation hat sehr viel mit den nonverbalen Kanälen zu tun. Darauf habe ich bereits hingewiesen. In einer Mediation wird sprachlich und körperlich kommuniziert: Durch die Körpersprache erhalten sowohl die Beteiligten als auch der Mediator gewisse nonverbale Signale. Deshalb kann ich als Mediator durch das genaue Hinschauen eine Menge lernen. Dabei stelle ich mir folgende Fragen:

❖ Was sagt mir die Körpersprache?
❖ Sitzen die Leute »in-sich-zusammengesunken« oder »in-sich-verwickelt« mit gekreuzten Beinen und Armen oder sitzen sie eher entspannt und locker?

Auf jeden Fall ist es wichtig, die nonverbalen Botschaften zu registrieren und sich dem Streitpartner zuzuwenden – verbal und nonverbal. Für einen Mediator ist es weiterhin von großer Bedeutung, sich die eigenen Signale bewusst zu machen:

❖ Was sagt meine eigene Körpersprache?
❖ Wie sitze ich?

Es ist ein Trugschluss zu meinen, dass ich meine Frustration einfach verstecken kann, wenn ein Prozess beispielsweise keinen Millimeter vorankommt.

Je nachdem, in welcher Situation ich mich befinde, muss ich überlegen, ob und wie ich dies deutlich anspreche. Die Irritationen, die bezüglich einer Körperhaltung hervorgerufen werden, muss man als Mediator lernen umzuwandeln. Die möglichen Inhalte der Körpersprache müssen in eine offene Fragestellung verwandelt werden. Denn nur so kann zur Klärung beigetragen werden.

Körpersprache »verwickelt«

Konstruktive Kritik

Eine geschickte und konstruktive Kritik zu äußern ist eine hohe Kunst. Die Kritik muss sorgfältig mit Einfühlungsvermögen und Empathie formuliert und vermittelt werden. Statt einem Empfänger vor den Kopf zu stoßen, ist es das Ziel dieser Kunst, die Dinge so darzustellen, dass der Empfänger

❖ etwas damit anfangen kann,
❖ nicht sofort in eine Verteidigungshaltung gezwungen wird,
❖ die Möglichkeit zum Antworten hat, ohne sein Gesicht zu verlieren.

Schon 1946 schrieb Max Frisch in seinen Tagebüchern (Seite 51–53) folgendes über die Höflichkeit:

»Wenn wir zuweilen die Geduld verlieren, unsere Meinung einfach auf den Tisch werfen und dabei bemerken, dass der andere zusammenzuckt, berufen wir uns mit Vorliebe darauf, dass wir halt ehrlich sind. Oder wie man so gerne sagt, wenn man sich nicht mehr halten kann: Offen gestanden! Und dann, wenn es heraus ist, sind wir zufrieden; denn wir sind nichts anderes als ehrlich gewesen, das ist ja die Hauptsache, und im Weiteren überlassen wir es dem andern, was er mit den Ohrfeigen anfängt, die ihm unsere Tugend versetzt.

Was ist damit getan?

(…) Das Höfliche, oft als leere Fratze verachtet, offenbart sich als eine Gabe der Weisen. Ohne Höfliche nämlich, das nicht im Gegensatz zum Wahrhaftigen steht, sondern eine liebevolle Form der Wahrhaftige ist, können wir nicht wahrhaftig sein und zugleich in menschlicher Gesellschaft leben, die hinwiederum auf der Wahrhaftigkeit bestehen kann – also auf der Höflichkeit.

Höflichkeit natürlich nicht als eine Summe von Regeln, die man drillt, sondern als eine innere Haltung, eine Bereitschaft, die sich von Fall zu Fall bewähren muß. – Man hat sie nicht ein für alle Mal.

Wesentlich scheint mir, geht es darum, dass wir uns vorstellen können, wie sich ein Wort oder eine Handlung, die unseren eigenen Umständen entspringt, für den anderen ausnimmt. Man macht, obschon es vielleicht unsrer eignen Laune entspräche, keinen Witz über Leichen, wenn der andere gerade seine Mutter verloren hat, und das setzt voraus, dass man an den andern denkt. Man bringt Blumen: als äußeren und sichtbaren Beweis, dass man an die andern gedacht hat, und auch alle weiteren Gebärden zeigen genau, worum es geht. Man hilft dem andern, wenn er den Mantel anzieht. Natürlich sind es meistens bloße Faxen; immerhin erinnern sie uns, worin das Höfliche bestünde, das wirkliche, wenn es einmal nicht als Geste vorkommt, sondern als Tat, als lebendiges Gelingen. –

Zum Beispiel:
Man begnügt sich nicht damit, daß man dem andern einfach seine Meinung sagt; bemüht sich zugleich um ein Maß, damit sie den andern nicht umwirft, sondern ihm hilft; wohl hält man ihm die Wahrheit hin, aber so, dass er hineinschlüpfen kann.«

L   Lernen und Loben

Lernen

Konflikte bieten die Gelegenheit, sowohl etwas zu klären und etwas zu lernen als auch etwas zu zerstören. In der Mediation wird betont, konstruktive Lernprozesse in Gang zu setzen und dadurch Lösungen zu erzielen statt die Lösungen von Problemen und Konflikten autoritär und nur von »oben nach unten« zu verordnen und zu erzwingen. Menschen kommunizieren miteinander und lernen, anderen Menschen ihren Standpunkt zu erläutern und sie eventuell von einer anderen Anschauung zu überzeugen. Umso mehr Anteil jeder Einzelne an der Bearbeitung und Lösung eines Problems und Konflikts hat, desto wichtiger und dauerhafter sind diese Ergebnisse.

Siehe auch:
E – Emotionale Intelligenz

Sogar wenn keine abschließenden Lösungen vereinbart werden, lernen die Beteiligten in Zukunft anders mit Konflikten umzugehen. Sie lernen, dass es unterschiedliche Sichtweisen gibt und dass jeder anders damit umgeht, und dass Gefühle verschieden gehandhabt werden. Dies ist eine Art des sozialen Lernens und der Persönlichkeitsbildung und erweitert die emotionale Intelligenz.

Die Anbahnung und Entwicklung von Streitfähigkeit verbreitet sich wie ein Lauffeuer: Plötzlich merken Menschen, dass sie Werkzeuge mit Erfolg anwenden können.

Meine Kollegin berichtete mir folgendes aus ihrer Gemeinde in der Nähe von Chicago: Das Telefon klingelte im Bezirksamt mehrmals am Tag, nachdem sie ein Mediationsprogramm in einer Grundschule eingeleitet hatten. Die Eltern wollten sich erkundigen, wo und was ihre Kinder gerade in der Schule zum Thema »Streit« lernen und ob für Erwachsene zusätzliche Unterrichtsstunden angeboten werden könnten. Sie waren begeistert: ihre Kinder schlichteten zu Hause Konflikte. Freundlich und entschlossen intervenierten die Kinder in Konfliktsituationen: Die Schüler fingen unaufdringlich und spontan an, ihren Geschwistern und Eltern bei der Konfliktaustragung »Nachhilfe-Unterricht« zu erteilen. Beispielsweise überzeugten sie ihre Familien von dem Wert konstruktiver »Ich-Botschaften«: Wenn jeder für sich selbst spricht und nicht gemein wird in seinen Äußerungen, wird es zunehmend leichter, den Konflikt zu lösen.

Loben

Echtes Loben, nicht als Manipulation eingesetzt, ist ein Segen für jede Person: Loben ermuntert und baut auf! Wie bei den »vier A's« bietet Lob eine persönliche Bestätigung oder Affirmation. Loben durch eine positive »Ich-Botschaft« transportiert auf der Beziehungsebene eine Wertschätzung und wirkt wie eine positive Verstärkung. Solches Loben ist das Gegenteil zum Schelten. Es ist Bestandteil aller umfassenden Bildungsprogramme zur Konfliktbearbeitung.

Wie Gordon 1994 berichtete, kann Lob auch hemmend, lähmend oder erniedrigend wirken, wenn es beispielsweise »schlicht als unwahr« ankommt oder heimlich Ansprüche bzw. Kritik und Machtspiele verkleidet.

Denken Sie selbst einmal zurück an Ihre Schulzeit: Gab es einen Lehrer, der eine besonders positive Rolle in Ihrer Schulkarriere gespielt hat? (Leider sind manche von uns auch auf ausgesprochene Autoritätsexemplare gestoßen, die einen ungeheuer negativen Einfluss auf die eigene spätere Laufbahn hatten.) Die meisten Menschen sind aber mindestens einer bestimmten, positiven und liebevollen Person in ihren jüngeren Jahren begegnet, die als Vorbild angehimmelt wurde. Meist handelte es sich um eine erwachsene Person mit reifen Charakterzügen, deren Lob und Zuwendung einen selbst aktiviert und angefeuert hat. Nach meiner Auffassung braucht die Welt mehr von dieser authentischen mündigen Sorte!

Fazit: Loben im Sinne von Affirmation ist konstruktiv.

M   Metaphern

Metaphern sind sehr ausdrucksvolle Instrumente in der Konfliktbearbeitung. Vor, während oder zum Abschluss einer Mediation können beispielsweise kurze Geschichten und Märchen eingesetzt werden, um die Konfliktbearbeitung mit den Beteiligten voranzutreiben. Die Erzählung von Märchen dient in diesem Fall als Methode, Konflikte zu umschreiben und so den Menschen zu helfen, Verständnis für verschiedene Perspektiven in einem Konflikt zu gewinnen.

Besonders offene Fragen können Menschen helfen, sprachliche Metaphern für ihr eigenes Innenleben zu finden. Beispielsweise:

❖ Können Sie bitte sagen, wie es Ihnen geht?
❖ Wie fühlen sie sich …?
❖ Gibt es irgendetwas, das Ihren Gefühlen gleicht?

Es können auch Analogien eingeführt werden, je nach Beruf, Erfahrung und Horizont der Konfliktparteien. Mit einem Lehrer könnte über Bildung, Hausaufgaben und Leistung gesprochen werden; mit einem Tischler über Werkzeuge und Holzstrukturen usw. Manchmal zitiere ich aus Romanen oder lese eine Kurzgeschichte vor. Dadurch vermittle ich eine Botschaft und führe eine Stimme von außen heran an das Geschehen.

Es gibt Methoden der Konfliktregelung, bei denen ausschließlich mit Metaphern und umgeschriebenen Märchen gearbeitet wird:

Die Hauptgegner und die Gegenstände eines Konflikts werden in eine »Geschichte« übertragen. Diese neue Form bietet unter Umständen eine Art »Perspektivenwechsel« und ermöglicht den Beteiligten, den Konflikt aus einer völlig anderen Betrachtungsweise zu erleben.

Es ist auch möglich, Metaphern ohne Sprache einzusetzen. Nehmen Sie beispielsweise Skulpturübungen: Dabei stellen oder setzen sich die Streitenden so hin, dass sie ihre Position durch eine bestimmte Körperhaltung und den Gesichtsausdruck darstellen.

Es ist auch möglich, die Betroffenen zu bitten, verschiedene Positionen, Statuen oder Standbilder zu gestalten: zuerst das »Realbild« und dann ihr »Idealbild«.

> »Ausgehend von diesen beiden Bildern soll das Übergangsbild entstehen, d.h. die Teilnehmer sollen zeigen, wie sie vom realen zum idealen Bild gekommen sind. Wir haben eine Wirklichkeit vor uns, die wir verändern wollen. Wie können wir sie verändern?« (Boal 1989, Seite 54)

Theaterpädagogik und Methoden des »Theater der Unterdrückten« bieten verschiedene Herangehensweisen, um Konflikte und deren Bearbeitung besser erfahrbar zu machen. Nonverbale Vorführungen und Illustrationen können den Stand der Dinge oft besser als abstrakte Wörter verdeutlichen. Bilder, Musik und andere Objekte wie beispielsweise Puppen können ebenso eingesetzt werden. Je nach Altersstufe, Situation, Zeitfaktor und Konfliktzusammenhang gibt es viele Variationsmöglichkeiten.

Während meiner Forschungsarbeiten erfuhr ich von Studenten immer wieder, wie wichtig es für sie war, verschiedene Aspekte eines Konfliktes zu »verdinglichen«, also durch metaphorische Arbeit, Konzepte und Vorgehensweisen lebendig zu machen. Aus dieser Arbeit heraus entwickelte ich ein Spiel, in dem die Teilnehmer tatsächlich körperlich verstrickt und verknotet wurden. Dieser wahrnehmbare Zustand, gekoppelt mit dem Lösungsversuch, verdeutlicht das Abstrakte auf einer sinnlichen Ebene.

Eine weitere Erfahrung machte ich, als ich mit Multiplikatoren in Berlin arbeitete: Einige Teilnehmer äußerten ihre Gefühle nicht direkt, sondern sprachen nur durch Metaphern. Zum Beispiel: »Ich könnte jetzt einen ganzen Geschirrschrank aufreißen und Stück für Stück jeden Teller auf den Boden schmeißen.« – Das war richtig spannend.

Mediationsverfahren in der Schule beziehen gleich von Anfang an non-verbale Kommunikationsformen mit ein. Dabei ist es egal, ob das bedeutet, Figuren für die verschiedenen Beteiligten zu benutzen, um den Konflikt zu definieren, oder einen »Erzählstein« weiterzureichen (in einer Gesprächsrunde bedeutet das: Wer den Stein hat, hat das Wort), sodass alle genau wissen, wann sie an der Reihe sind.

Desweiteren gibt es viele kreative Methoden, wenn die Streitenden Schwierigkeiten haben sich auszudrücken: Malen von Bildern, Kneten von Ton, Skizzieren von Symbolen, Konfliktlandschaften mit Holzfiguren zu arrangieren und vieles mehr.

Gehirnforscher und Experten haben bewiesen, dass sich alle Individuen hinsichtlich ihrer Intelligenz und ihrer Fähigkeiten voneinander unterscheiden. Natürlich sind diese Unterschiede nicht statisch. Menschen können immer dazu lernen und ihre Kompetenzen erweitern. Wichtig für uns als Mediatoren ist, dieses als Tatsache zu akzeptieren und die Streitparteien dort abzuholen, wo sie sind. Es kann sein, dass ein Klient sprachlich stärker ist, der andere dagegen ein räumlich-visuelles Talent besitzt. Anstatt auf die Defizite hinzuweisen ist es die Kunst der Mediation, die Stärken, Ressourcen und die Intelligenz jeder einzelnen Person in den Vordergrund zu stellen und hervorzuheben. Soweit es möglich ist, wird die nötige Unterstützung angeboten, um sich vorhandenes Können zunutze zu machen.

Ich bin der Meinung, dass Humor einen Zugang zu verborgenen Gefühlen legt und zu »Altlasten« vordringen kann, nachdem ein gewisses Vertrauen hergestellt ist. Allerdings müssen Humor und vor allem Witze vom Mediator mit Vorsicht und gezielt eingesetzt werden – je nach Situation und kulturellen Zusammenhängen.

Kinder und Jugendliche werden dabei oft in ihrer Fähigkeit unterschätzt, mit Metaphern zu arbeiten und Konfliktgegenstände sehr prägnant und veranschaulichend auf einen Punkt zu bringen. Oft können Menschen noch Metaphern finden, wenn sie beinahe sprachlos sind. Genauso wie bei der Bearbeitung von »harten Fällen« ist es eine Kunst in der Mediation gerade solche Menschen herauszufordern, ohne sie zu überfordern. An ihre alltägliche Erfahrungswelt und den Lebenshorizont muss angeknüpft werden. Ohne zu moralisieren, habe ich beispielsweise mit verschiedenen Altersgruppen in einigen Konfliktvermittlungen verschiedene Umschreibungen von Märchen eingesetzt, um die Sichtweisen der Einzelnen zu beleuchten.

Zum Beispiel im Falle eines Vertrauensbruchs:

> P hat etwas getan oder gesagt (wir wissen nicht genau was).
> R hat all sein Vertrauen verloren und ist offensichtlich sehr verletzt.
> Die Spannung zwischen P und R wächst und ist immer deutlicher zu spüren.
> Trotzdem: P sagt nichts, und R schweigt auch.

Die Zusammenarbeit wird erschwert. Obwohl R älter ist und von anderen Kollegen als fähig zur Konfliktbearbeitung eingeschätzt wird, sagt R nichts. Da beide wortlos bleiben, könnte der Mediator in der Anfangsphase P und R entweder in Einzelgesprächen oder gleichzeitig bitten, den Gegenstand ihres Streites durch eine Metapher – ein Gleichnis oder einen bildlichen Ausdruck – zu erfassen. Sogar mit Hilfe des zufällig im Zimmer befindlichen Materials kann anschaulich gemacht werden, was abstrakt oder wortwörtlich schwer zu formulieren wäre (vgl. Thomann/Schulz von Thun 1988, Seite 310 f.).

»Geschichten erzählen von Freude und Leid ...«

Die folgenden Anekdoten, Kurzgeschichten und Sprichwörter sind als Anregungen zum Einsatz innerhalb einer Mediation zu betrachten. Sie bringen Verschiedenes als Metapher oder Gleichnis zum Ausdruck und können als Hilfsmittel eingesetzt werden. Voraussetzung dafür ist, dass eine Vertrauensbasis existiert, die Konfliktparteien dafür offen sind und Sie als Mediator die Texte für geeignet halten.

❖ Wenn es darum geht, eine schwierige Selbsterkenntnis anzunehmen, denke ich an das, was **Frederick Perls** 1969 einmal schrieb:
Der Verrückte sagt: »Ich bin Abraham Lincoln.«
Der Neurotiker sagt: »Ich wollte, ich wäre Abraham Lincoln.«
Der Gesunde sagt: »Ich bin ich, und du bist du.« (Seite 40)

Übersetzt und paraphrasiert aus: Shor/Freire 1987

❖ **Freire** setzte im Rahmen seiner pädagogischen Tätigkeiten **Metaphern** – als Ersatz für eine »akademische Sprache« – ein. Er sprach von ihrem großen symbolischen Wert. Übertragen auf die Mediation kann das folgende moderne Gleichnis lehrreich sein und für eine humorvolle Pause sorgen, wenn es darum geht, die Ernsthaftigkeit eines Konfliktbearbeitungsprozesses bzw. das Engagement und die Ausdauer des Mediators oder der Beteiligten zu unterstreichen.
Es gab einmal einen Intellektuellen, der sich vornahm, einer Gruppe von Bauern beizustehen und sie zu beraten. Er fuhr Tag für Tag zu ihnen hin und bemühte sich außerordentlich, eine Beziehung zu den Einheimischen aufzubauen und ernsthafte Kontakte zu knüpfen. Eines Tages konfrontierte ihn einer der Bauern: Schau, mein Freund, wenn du denkst, dass du hierher gekommen bist, um uns zu zeigen, wie ein Baum gefällt werden soll, so ist dies wirklich nicht notwendig, da wir alle schon längst wissen, wie man dies tut. Allerdings gibt es etwas, was wir unbedingt von dir wissen wollen: *Ob du immer noch zu uns kommen wirst, nachdem der Baum gefallen ist.*

In Anlehnung an: »Letting go«. Aus: Augsburger 1992, Seite 260

❖ **»Loslassen«: Eine Fabel aus Japan**
Gerade bei Blockaden kann folgende Fabel eingesetzt werden. Vor allem, wenn es um die Fragen geht: Können wir jetzt weitermachen in der Mediation? Oder gibt es noch Groll, Unruhe, unausprochene Empfindungen usw., die erst auf den Tisch kommen müssen?
Es waren einmal die Mönche Pungli und Ginseng, die zusammen unterwegs waren. Es regnete sehr stark. Sie wateten durch den Schlamm. Als sie in ein kleines Dorf kamen, begegneten sie einer schönen jungen Frau in einem seidenen Kimono. Sie konnte die

schlammige Dorfstraße nicht überqueren. Pungli verneigt sich und fragt: »Kann ich Ihnen behilflich sein?« Sie nickte und erwiderte: »Wenn Sie so nett sein können, ich komme hier nicht alleine weiter.« Der Mönch hob sie mit seinen Armen hoch und trug sie sanft über die Straße.

Ginseng sprach erst wieder mit Pungli, als sie beide in der Nacht an einem Kloster ankamen. Dann konnte er sich nicht mehr beherrschen. »Wie konntest du so etwas tun?« meinte Ginseng. »Wir Mönche sollen uns doch nicht Frauen nähern, besonders wenn sie jung und ausgesprochen schön sind. Das ist äußerst gefährlich!« betonte er. Und mit erhobenem moralischen Zeigefinger fragte er entsetzt: »Warum hast du das getan?« Pungli schaute Ginseng tief in die Augen und sagte ganz ruhig: »Ich habe sie dort zurückgelassen, aber du, Ginseng, du trägst sie immer noch.«

Im praktischen Mediationseinsatz können Sie noch folgendes zur Vertiefung nachfragen:
– Was teilen Pungli und Ginseng miteinander?
– Was trennt die beiden?
– Meinen Sie, dass es auch um richtig oder falsch in Ihrem Konflikt geht?
– Können Sie nachvollziehen, was Pungli mit seinem abschließenden Kommentar sagen will?
– Gibt es Ihrer Meinung nach Parallelen zu Ihrem eigenen Konflikt?

❖ Der Dumme von Gisela Elsner

»Der Dumme« ist eine Geschichte, die vorzugsweise in einer Mediation eingesetzt werden kann, in der folgende Konstellation gilt: Eine Person steht alleine da, die zweite Person hat mehrere Sympathisanten hinter sich. Diese beiden stehen sich nun gegenüber. Beispielsweise ist dies der Fall bei einem Gruppenkonflikt wie »Mobbing« oder einem »Sündenbock-Fall«.

»Sie standen beieinander, und sie wussten alle das Gleiche, und sie glaubten, dass es viel sei, was sie wussten. Einen gab es unter ihnen, der wusste nicht das Gleiche wie sie, und sie nannten ihn dumm. Es war Triboll. Der wurde bescheiden, als er hörte, dass er dumm sei, und verkroch sich, damit ihn niemand mehr sah. Aber die anderen hatten kein Mitleid mit ihm und krochen ihm nach und sahen ihn an und redeten über das, was er nicht verstehen konnte. Sie sahen, wie

Aus: Graf von Nayhauss
1982, Seite 22

sehr Triboll litt, und waren befriedigt, dass sie es waren, die ihn leiden machten.

Da änderte sich die Welt, und plötzlich war Triboll klug, und die anderen waren dumm, weitaus dümmer als er, und Triboll wollte sich rächen für das, was ihm die anderen vorher angetan hatten. Er redete so zu ihnen, dass sie ihn nicht verstanden, wie sie nicht wussten, was er wusste. Aber sie bewunderten ihn, und niemand schämte sich dafür, dass er nicht wusste, was Triboll wusste, und Triboll hatte Mitleid mit ihnen und konnte sie nicht quälen. Er wusste, dass er immer anders gewesen und allein war, und er erwartete mit Angst die Zeit, die, das wusste er genau, einmal wiederkehren würde, die Zeit, in der sich die Welt wieder änderte, und in der ihn die anderen wieder quälen würden.«

Im praktischen Einsatz können Sie die folgenden Fragen zur Vertiefung stellen:
– Was können Sie tun, um Triboll aus seiner Sündenbockrolle herauszuhelfen?
– Was meinen Sie, hätte Triboll die anderen, also diejenigen, die ihn früher belästigt haben, schädigen sollen? Was hätte dann passieren können?
– Gibt es Parallelen zu Ihrer Situation?
– Sind mehrere Leute in Ihren eigenen Konflikt verwickelt?
– Meinen Sie, daß in Ihrem eigenen Beispiel ein Konsens einer Gruppe gegen eine Person besteht, nach dem Motto »Viele gegen Einen«?
– Kennen Sie das Sprichwort: Der Klügere gibt nach?

❖ Eine Mediation ist zum Stillstand gekommen. In einer solchen Situation stellen sich folgende Fragen: Brauchen die Beteiligten – die vorher befreundet waren oder sich länger kennen – noch mehr Mut, um miteinander reden und die Spannung aushalten zu können? Können sie sich überhaupt eingestehen, dass es Differenzen zwischen ihnen gibt? Dass ein Konflikt besteht? Unter diesen Umständen kann die Strategie des Mediators sein, die Chance zu betonen, die ein Konflikt bietet: Es ist nun an der Zeit, dass alle die Gelegenheit haben, sich besser kennenzulernen und die Schwierigkeiten und bisherigen Missverständnisse ein für alle Mal schrittweise auszuräumen.

Ein chinesisches Sprichwort besagt:

»Wenn sie nicht miteinander gestritten haben, kennen sie sich nicht.«

Augsburger (1992, Seite 42) stellt fest:

»Die Universale Erkenntnis« – »The Universal Insight«

Je mehr wir vor Konflikten davonlaufen,

desto mehr meistern sie uns.

Je mehr wir sie zu vermeiden versuchen,

desto mehr kontrollieren sie uns.

Je weniger wir Konflikte fürchten,

desto weniger verwirren sie uns.

Je weniger wir unsere Differenzen verleugnen,

desto weniger teilen sie uns. (The Bottom Line, Seite 229)

Im praktischen Mediationseinsatz können Sie noch folgendes zum Nachdenken erfragen:

– Sind Sie in Konflikten manchmal verwirrt oder verunsichert?

– Haben Sie die Erfahrung gesammelt, dass ein Konflikt brisanter wird, wenn man vor ihm wegläuft?

– Haben Sie das Gegenteil erlebt? Beispielsweise, dass Sie einen Konflikt zuerst ausgehalten statt ausgetragen haben und ihn so verharmlosten?

– Halten Sie es für wichtig, offen und ehrlich über zwischenmenschliche Differenzen und Unterschiede zu sprechen?

– Teilen Sie ingesamt die Verallgemeinerungen?

❖ Wenn es darum geht, ein Problem und seine »ewige Festschreibung« zu vermeiden, dann bieten sich **»Die verscheuchten Elefanten«** an: Es ist »… die Geschichte vom Manne, der alle zehn Sekunden in die Hände klatscht. Nach dem Grunde für dieses merkwürdige Verhalten befragt, erklärt er: ›Um die Elefanten zu verscheuchen.‹ ›Elefanten? Aber es sind doch hier gar keine Elefanten?‹ Darauf er: ›Na, also! Sehen Sie?‹«

Watzlawick (1983) erläutert: »Die Moral von der Geschichte ist, dass Abwehr oder Vermeidung einer gefürchteten Situation oder eines Problems einerseits die scheinbar vernünftigste Lösung darstellt, andererseits aber das Fortbestehen des Problems garantiert.« (Seite 51)

Im praktischen Einsatz bietet sich folgende Fragen zur Vertiefung an:
– Meinen Sie, dass Sie »die Elefanten eher verscheuchen«?
– Oder sind Sie jetzt wirklich an dem Punkt angelangt, der Ihnen beiden wesentlich ist, um den es Ihnen beiden geht?

❖ Die Metapher »**Der verleumdete Wolf**« lässt einen Perspektivenwechsel erkennen und verdeutlicht, welch unterschiedliche Seiten eine Geschichte haben kann:
Der Wald war mein Zuhause. Ich lebte dort und kümmerte mich jeden Tag darum. Ich habe mich bemüht, ihn ordentlich, sauber und schön zu halten. Dann eines sonnigen Tages, während ich den Müll wegräumte, spazierte ein kleines Mädchen vorbei. Sie sah sehr komisch aus und wirkte gleich verdächtig: Ganz in Rot gekleidet, ihren Kopf vollkommen verhüllt, als ob sie sich verstecken wollte. Sie trug außerdem einen großen Korb. Natürlich habe ich sie angehalten, um zu überprüfen, was da Sache war. Ich fragte sehr höflich, wer sie sei, wohin sie wandere, von woher sie gerade käme … die üblichen Fragen, wenn eine Person in meinen Wald hineinplatzt. Sie quatschte mich wegen eines Besuchs bei ihrer Oma zu, mit einem Picknick, gepackt im Korb. Sie schien grundsätzlich eine ehrliche Person zu sein, aber sie war in meinem Wald und sah höchst verdächtig in diesem merkwürdigen Kostüm aus. Also entschied ich mich, ihr eine Lektion zu erteilen, wie taktlos und unverschämt es ist, einfach unangemeldet und absonderlich verkleidet durch meinen Wald zu laufen. Ich habe sie einfach einen Umweg gehen lassen, lief aber selbst auf direktem Weg zum Hause ihrer Großmutter. Als ich die nette alte Dame sah und ihr mein Anliegen erklärte, stimmte sie mir zu, dass ihre kecke Enkelin bessere Manieren lernen müsste. Wir haben ausgemacht, dass sie außer Sicht bleibt, bis ich sie rufe. Sie versteckte sich unter dem Bett.
Als das Mädchen ankam, rief ich sie ins Schlafzimmer herein, wo ich im Bett im Schlafanzug ihrer Oma lag. Sie schlenderte herein mit rosigen Backen und zwinkernden Augen und machte sofort ein gemeine Bemerkung über meine großen Ohren. Ich bin schon mehrmals brüskiert worden, also machte ich das Beste daraus und erörterte, dass meine großen Ohren mir helfen, sie besser zu hören. In diesem Augenblick meinte ich, dass ich sie mag und aufmerksam zuhören will. Aber sie machte wieder eine freche Anspielung auf meine angeblich herausquellenden Augen. Jetzt kann man sich vorstellen, wie es mir zumute war: Dieses anscheinend nette Mädchen war offensichtlich eine gehäs-

sige Persönlichkeit. Dennoch: Da ich immer auch die andere Backe hinhalte, antwortete ich, dass mir meine großen Augen helfen, sie besser zu sehen. Zweifelsohne hat mich ihre nächste Beleidigung wirklich getroffen. Ich habe jahrelang Probleme mit meinen Zähnen und sie machte sich darüber lustig. Ich weiß, ich hätte mich besser unter Kontrolle halten müssen, aber ich sprang aus dem Bett und brummte, wie meine Zähne mir helfen würden, sie schneller aufzuessen.

Jetzt gestehen wir uns doch ein – kein Wolf könnte ein kleines Kind aufessen – das wissen wir alle – aber dieses verrückte Mädchen fing an, kreischend durch das Haus zu sausen. Ich bin ihr hinterhergehastet, um sie zu beruhigen. Mittlerweile hatte ich den Schlafanzug von der Oma ausgezogen, aber dies schien die Situation nur zu verschlimmern. Dann plötzlich flog die Tür auf und da stand ein ungeheuer großer Holzfäller mit seiner Axt in der Hand. Ich schaute ihn an und es wurde mir überdeutlich, dass ich in Schwierigkeiten geraten war Ich hechtete raus aus dem offenen Fenster hinter mir.

Ich möchte sagen, dass das alles war. Aber die Großmutter erzählte nie meine Sicht der Geschichte: Aus irgendeinem Grund ließ sie mich in Verruf geraten. Schnell verbreitete sich das Gerücht, dass ich ein abscheulicher, schlimmer Typ bin, und alle fingen an, mich zu meiden. Ich weiß nicht, wie es dem kleinen aufsässigen und großmäuligen Mädchen mit der putzigen roten Ausstattung weiter ergangen ist, aber ich lebte zweifellos nicht glücklich bis an mein Lebensende!

(Übersetzt und nachempfunden aus: Sadella/Henriquez/Holmberg (Hrsg.) 1987. Der ursprüngliche Text »The Maligned Wolf« wurde 1974 von Lief Fearn geschrieben.)

Folgende Nachfragen sind beispielsweise möglich:
– Welche Gefühle hatten Sie gegenüber dem Wolf aus dem Ihnen bisher bekannten »Rotkäppchen«, bevor Sie die neue Geschichte hörten?
– Unterscheiden sich Ihre Empfindungen jetzt – nach dem Sie die neue Geschichte kennen?
– Was haben Sie vor dieser Geschichte über Rotkäppchen gedacht?
– Wie schätzen Sie Rotkäppchen jetzt ein?
– Haben Sie einmal in Ihrem Leben auch eine Situation in einer bestimmten Weise betrachtet und dann Ihre Meinung darüber geändert, nachdem Sie eine andere Sichtweise dazu gehört haben?
– Was haben sie jetzt über verschiedene »Perspektiven« oder »Sichtweisen« gelernt oder mitgenommen?

N   Neutralität und Netzwerke

Neutralität

Neutralität bedeutet nach einer Definition von Wahrig (1978): »Unbeteiligtsein, Nichtbeteiligung, Nichteinmischung, unparteiisches Verhalten.«

Die Frage der Neutralität befasst sich zum großen Teil mit der Rolle und Funktion eines Mediators. In vielen Mediationskursen wird immer wieder betont, dass Mediatoren eine neutrale Haltung bewahren müssen, sie dürfen sich nicht einmischen, keine eigene Meinung vertreten oder Gefühle zeigen. Der sogenannte »Beweis«, dass ein Mediator ersetzt werden muss, lautet: Er ist beteiligt.

Sicherlich darf die Mediation kein Forum dafür sein, dass ein Mediator seinen privaten Meinungen freien Lauf lässt. Er darf auch nicht Partei für nur eine Person ergreifen, geschweige denn laut eine starke Präferenz bekanntgeben. Dann ist er nämlich nicht in der Lage, zwischen den Konfliktparteien zu vermitteln.

Allerdings schätze ich es als beinahe unmöglich ein, als Mediator völlig unbeteiligt zu bleiben. Gerade das Engagement des Mediators kann schließlich entscheidend für die Motivation und Mitwirkung der Streithähne sein. Von daher bevorzuge ich den Begriff: Allparteilich. Ich vertrete die Schule der Mediation, deren Mediatoren die Allparteilichkeit bewahren und für alle Konfliktpartner Partei ergreifen.

Netzwerke

In meiner Mediationspraxis zeigt sich immer wieder die Bedeutung und der Wert von Netzwerken. Als Mediator in einer Schule bin ich beispielsweise darauf angewiesen, dass mir der Schulleiter und die Kollegen eine solide Unterstützung entgegenbringen. Da sich die pädagogische und fachliche Arbeit in Schulen in gewissem Maße überlappt und abgestimmt sein muss, wird es sehr schwer, wenn eine Person alleine die Mediation durchführt.

Stellen Sie sich ein fiktives Beispiel vor, bei dem die Gerüchteküche in einer Schule heißläuft:

> »Haben Sie gehört, was Frau Z. in ihrer Klasse macht? Sie ist unzuverlässig und lässt ihre Schüler die Zeit verbummeln statt zu unterrichten, und so können unseren Kindern dann die guten Noten für die Abschlussprüfung fehlen.«

> Was war passiert? Frau Z., Lehrerin an einer Mittelschule, führt in einem Modellprojekt Schulmediation ein. Die ersten Erfahrungen damit waren für Susanne so interessant, dass sie die nächste Unterrichtsstunde bei einem anderen Lehrer verpasste, und deswegen prompt von ihm getadelt wurde. Die Eltern von Susanne riefen im Schulsekretariat an, um sich zu erkundigen, was in der Klasse überhaupt eingeführt wurde. Wieso bekommt ihre Tochter Probleme, wenn sie bei so einem neumodischen Kram mitmacht? (Anscheinend irgendewas neues, womöglich aus Amerika?)

> Was Frau Z. ins Rollen gebracht hat, wird längerfristig nicht zu verbergen sein. Sie muss mit allerhand Reaktionen rechnen und kann nur hoffen, dass alle Kollegen ihr gegenüber wohlgesonnen sind. (Daher ist es unbedingt notwendig, den Schulleiter und die Kollegen schon vorher ins »Boot« zu holen, also unbedingt vorher bereits ein Netzwerk zu bilden.)

In der Tat war – wie schon erwähnt – eine Kollegin in den USA Zeugin davon, wie Eltern ihren Enthusiasmus darüber äußerten, wie wunderbar ihr Kind auf einmal zu Hause einen Streit vermittelte. Die Bewunderung der Eltern hatte das vorher fast Unvorstellbare bewirkt: Sie wollten ohne jegliche Aufklärung selbst an einem Mediations-Training teilnehmen!

In unserem Beispiel muss die Schulleitung spätestens dann Position dazu beziehen, wenn Außenstehende, also zum Beispiel Eltern, anrufen und Erkundigungen einholen.

Bei Mediationsverfahren im Zusammenhang mit bestehenden Strukturen, in denen Leute vernetzt und verpflichtet sind, zusammenzuarbeiten oder Informationen auszutauschen, drängt sich automatisch die Frage nach der Organisationsentwicklung auf. Über welche Art von Konfliktkultur und Ethos verfügt eine Organisation, die Mediation als Verständigungsmittel einführt? Solche Organisationen können schwerlich konstruktive Konfliktbearbeitung praktizieren und auf der anderen Seite Menschen mit Einschüchterungstaktiken überraschen. Sie können nicht mit Erfolg eine starre hierarchische Hackordnung installieren, wenn sie gleichzeitig »predigen«, die Mitarbeiter in der Konfliktregelung bekräftigen und unterstützen zu wollen.

Zurück zu unserem Schulbeispiel:

Es gibt – fast ohne Ausnahme – eine Phase am Anfang eines Mediationsprogramms, in der der Tenor der Lehrer-Statements äußerst verunsichert, unzufrieden und ängstlich klingt. Warum? Weil sie die vorhersehbare Macht und die Unabhängigkeit der Schüler fürchten. Sie haben Bedenken, dass sie durch die erhöhten sozialen Kompetenzen ihrer Schüler entmachtet werden. Stellen Sie sich vor: Ein Schüler verspätet sich und schleicht sich zehn Minuten nach Beginn der Unterrichtsstunde in das Klassenzimmer. Die Lehrerin herrscht ihn an: »Was kommst du denn so spät?« Der Schüler antwortet: »Wollen wir nicht konstruktiv miteinander reden. Wir haben doch gelernt, solche Du-Fragen zu vermeiden, oder?«

O Ökologische Sichtweise und Optimismus

Ökologische Sichtweise

Eine ökologische Sichtweise in Bezug auf Mediation unterstreicht – ebenso wie dies auf die Netzwerke zutraf – dass wir uns in Systemen bewegen. Wir sind also herausgefordert, die Ganzheit in Betracht ziehen. Wir sind in Systemen und Subsystemen voneinander abhängig – eng mit anderen verflochten. Strukturen können uns gefangen halten, wenn wir uns ihrer nicht bewußt sind.

> »Wenn wir hingegen lernen, die Strukturen wahrzunehmen, in denen wir uns bewegen, befreien wir uns allmählich von den zuvor unerkannten Kräften und erlangen schließlich die Fähigkeit, produktiv mit diesen Strukturen zu arbeiten und sie zu verändern.«

Senge 1996, Seite 118

Es gibt zahlreiche Theorien zur Systemanalyse, -forschung und -beeinflussung oder -veränderung. Beispielsweise untersuchen die Chaos-Theoretiker die Wechselwirkungen der eigendynamischen Faktoren und der vernetzten Komplexitäten in Systemen, um die Gesetzmäßigkeit der Selbstorganisation zu verstehen. In der internationalen, ethno-politischen Konfliktforschung wird zunehmend auf die Bedeutung der Mannigfaltigkeit und Vielschichtigkeit der zusammenhängenden Konfliktfaktoren hingewiesen. Veraltet ist dagegen der klassische, klare und lineare Kausalzusammenhang »wenn – dann«.

> »So lassen sich Konflikte in Analogie zu organischen Modellen auch mit den Begriffen von Geburt und Wachstum, Entwicklung und Reife sowie Stagnation und Ende bzw. Wiedergeburt umschreiben. Wie die menschliche Existenz entwickelt sich ein Konflikt allerdings nicht linear, sondern ist ein multidimensionaler, facettenreicher Prozess.«

Repusinghe: Transformation innerstaatlicher Konflikte: Von den Problemlösungs-Workshops zu Friedensallianzen. Aus: Ropers/Debiel 1995, Seite 310.

Nach meiner Auffassung gilt dies sowohl für Konflikte als auch für die zwischenmenschliche Konfliktbearbeitung und globale Konflikttransformation. Aus einer ökologischen Perspektive kann eine einzelne Mediation als Schritt in einer ganzen Reihe von Interventionen oder als Teil eines größeren Projekts dienen. Demzufolge ist eine Mediation in einem Unternehmen üblicherweise in einem größeren Projekt eingebettet, das Trainings-, Weiter- und Fortbildungsmaßnahmen zur gewaltfreien Kommunikation und konstruktiven Konfliktbearbeitung umfasst.

Zur Analyse und Festlegung möglicher Handlungsschritte in der Mediation spielen folgende Fragen eine Rolle:

❖ Welche Elemente spielen zunächst eine Hauptrolle in dem Konflikt?
❖ Was scheint gerade am Wichtigsten?
❖ An welcher Stelle könnte man eine Mediation ansetzen?
❖ Was muss kurzfristig geschehen, um dies zu ermöglichen?
❖ Welche weiteren Schritte wären langfristig sinnvoll? Sind sie realistisch umsetzbar?

Übung

Um die Vielfältigkeit und Verbindungen verschiedener Elemente, Faktoren und (in manchen Fällen) möglicher Akteure aufzuspüren oder zurückzuverfolgen, kann ein »Web Chart« sehr hilfreich sein:

1 Das zentrale Problem, den Konflikt oder die Hauptfrage schreibt man in die Mitte.

2 Dann listet man darum herum die aktuellen unterschiedlichen Ursachen und Konsequenzen auf. Diese Auflistung dient als eine Art »Hypothese« für weitere Analysen. Die Ursachen und Konsequenzen sind häufig schwer voneinander zu trennen.

3 Danach werden für jede Ursache oder jede Konsequenz weitere Konsequenzen oder Ursachen überlegt. Diese werden aufgeschrieben.

4 Mit Linien und Pfeilen kennzeichnet man jetzt die Verbindungen und Zusammenhänge.

5 Weitere Ebenen der Ursachen und Konsequenzen werden überlegt und aufgezeichnet.

Empfehlenswert ist, mindestens drei Ebenen und ihre Verflechtungen zu skizzieren und das Verfahren in einer kleinen Gruppe durchzuführen.

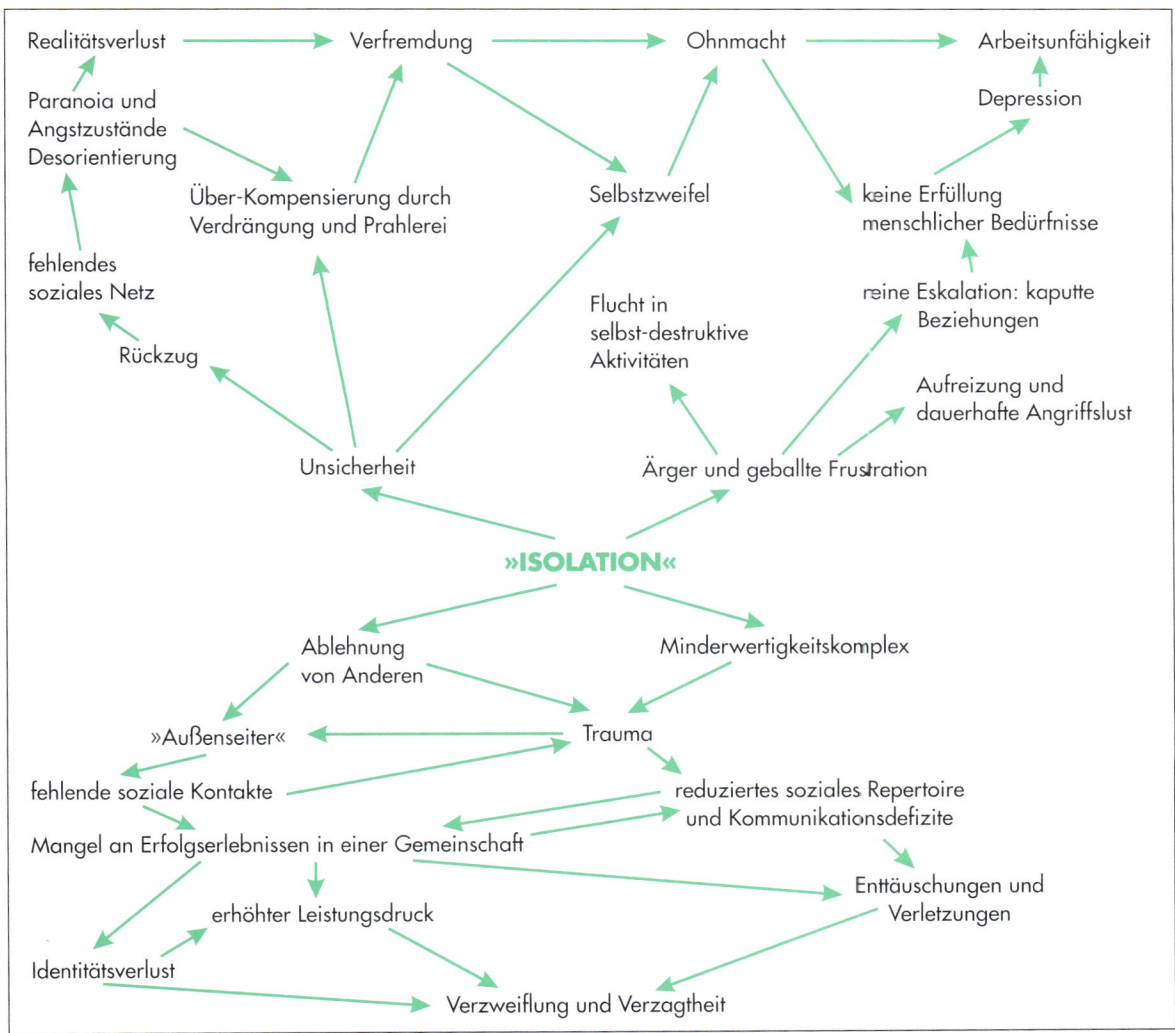

Optimismus

Es gibt zahlreiche Studien darüber, wie die Grundhaltung eines Menschen sein ganzes Verhalten beeinflusst. In der Krebsforschung behaupten sogar einige Wissenschaftler, dass die innere Haltung ausschlaggebend sein kann für die Überwindung der Krankheit. Ob man mit mehr

Siehe auch Y »YES-Haltung«

oder weniger Optimismus ausgestattet ist, kann mit Erbanlage, Temperament, Herkunft, Sozialisation und Erziehung zusammenhängen.

Nichtsdestotrotz kann man Optimismus regelrecht kultivieren: Die Konzentration auf das Positive und Konstruktive, der Glaube daran kann bewirken, dass das Beste tatsächlich passieren kann. Eine optimistische Einstellung hat wenig zu tun mit »Muss«- oder »Soll«-Sätzen, sondern mit Zuversicht, Hoffnungen und dem positiven Motto »Ich tue mein Bestes, damit die Anderen genauso ihr Bestes geben können«. Ein gesunder Optimismus (ohne Realitätsverlust) ist für die Mediation ein Pluspunkt. Wenn Mediatoren mit Optimismus in eine Vermittlung »einsteigen«, verbreiten sie eine positive Energie und sorgen vorab für einen Schub von konstruktiver Kraft und Atmosphäre.

P   Perspektivenwechsel

M.C. Escher »Plane Filling II« © 1998 Cordon Art. B.V.

Es hängt davon ab, wohin wir schauen, ob eher helle oder dunkle Figuren ins Auge springen.

Den Perspektivenwechsel habe ich schon einige Male erwähnt. Der Wechsel der Perspektive schärft unsere Wahrnehmung und schult die Fertigkeit, etwas unter anderen Gesichtspunkten zu sehen, zu verstehen und zu formulieren. Da wir nur einen Ausschnitt der Wirklichkeit sehen und begreifen, wird es immer noch andere Blickwinkel geben, die uns unter Umständen absolut fremd vorkommen. Übungen zum Perspektivenwechsel verdeutlichen diese Tatsache, dass wir alle nur selektiv wahrnehmen. Sie sind daher im gesamten Spektrum der allgemeinen Konfliktbearbeitungsmethodik sehr wichtig.

Siehe auch M – Metapher

Perspektivenwechsel wird in der Mediationspraxis eingesetzt, um Verständnis zwischen zerstrittenen und möglicherweise verfeindeten Parteien zu wecken. Dies geschieht zum Beispiel im Dialog: Die Streithähne versuchen jeweils die Sichtweise ihres Gegners anzuhören, kennenzulernen und dann zusammenzufassen. Sie werden herausgefordert, einen Schritt aus dem Rahmen ihrer Realität zu treten und so den Konflikt aus einem anderen Blickwinkel zu betrachten.

In Trainingsseminaren werden zum Perspektivenwechsel auch Rollenspiele durchgeführt. Wie bei der Praktizierung des »Satyagraha« (siehe Seite 40) wird den Teilnehmern durch den Perspektivenwechsel bewusst gemacht, wie begrenzt die Gültigkeit ihres Bildes von der Realität ist. Ihre Perspektive ist auf einmal nicht mehr die absolute Wahrheit. Sie nehmen deutlich zur Kenntnis, dass ein anderer Mensch die Dinge ganz anders auffassen kann. Da der Perspektivenwechsel eine Infragestellung der Welt des Einzelnen sein kann, ist er nur mit Fingerspitzengefühl durchzuführen. Er sollte erst eingesetzt werden, nachdem wir als Mediatoren eine Vertrauensbasis geschaffen haben (die »vier A's und B's«) und schon eine Weile in der »DD«-Phase aktiv zugehört und gespiegelt haben.

Wie schon in Kapitel C erwähnt, ist der Perspektivenwechsel ein wesentliches Element am Schluss der Phase »Definieren und Diskutieren«. Wenn Menschen sich in eine andere Lage versetzen können und der Gegenseite zeigen, dass sie den Anderen verstehen, erhalten sie häufig eine gleichgeartete Erwiderung. Oft leitet eine solche Äußerung den Wendepunkt in der Mediation ein und ist daher von großer Bedeutung. In der Tat beschleunigen solche Aussagen den Mediationsprozess in zweierlei Hinsicht: Menschen fühlen sich geachtet und verstanden; und ihre Bereitschaft, weiter mitzuwirken, steigt.

Übung

Was sehen Sie auf folgendem Bild?

Bevor Sie weiterlesen, schauen Sie sich das Bild wirklich eine Minute an!

❖ Gibt es eine »korrekte« Weise, dieses Bild zu betrachten?
❖ Können Sie _____ und _____ in diesem Bild sehen?

Versuchen Sie, beide Abbildungen zu sichten.

Finden Sie es irritierend, dass das Bild mehreres kombiniert?

Wir können spekulieren, in welcher Weise eine Person dieses Bild sieht: das hängt zum Teil von ihrer Lebenserfahrung, ihrem Alltag, ihren Erwartungen, … ab. Das Bild ist eine schöne Metapher für Konflikte und Perspektivenwechsel: Zwei Leute »sehen« etwas ganz anders. Sie streiten sich. Wenn beide in die Lage versetzt werden, das »Bild des Anderen« zu sehen, wird es viel leichter, ihren Konflikt zu bearbeiten und gegebenenfalls eine Lösung zu finden.

Übung

Eine weitere kurze Übung zum Perspektivenwechsel, die ich in der Praxis anwende, heißt »The Dot Game«. Sie können die Übung alleine oder zu zweit ausprobieren: Nehmen sie sich zehn Minuten Zeit und versuchen Sie, alle Punkte mit vier geraden Strichen zu verbinden, ohne den Stift abzusetzen. (Alle Punkte müssen verbunden werden, aber nicht jeder Punkt muss dabei mit jedem Punkt verbunden sein.)

Und? Haben Sie alle Punkte mit vier geraden Strichen verbunden? Die Lösung sehen Sie auf Seite 139.

Es gibt einige Wege, alle Punkte mit vier geraden Linien zu verbinden. Allerdings muss man bei allen Lösungen die Linien über die imaginären Grenzen der vorgegebenen Punkte hinaus malen. Metaphorisch betrachtet muss man in der Lage sein, außerhalb der anscheinend vorgegebenen Grenzen weiter zu denken und weiter zu sehen. Man muss die Fähigkeit besitzen, von einer logischen Prämisse zur anderen zu wechseln: Aus der alten Denkgewohnheit quasi herausspringen!

In diesem Sinne setzt eine erfolgreiche Mediation oder überhaupt eine Konflikttransformation kreatives Denkvermögen voraus. Die Menschen müssen Fähigkeiten entwickeln, um ihren Horizont und ihre Sicht auf die Realität zu erweitern.

Nach Watzlawick/Weakland/Fisch (1974) liegt die Analogie zu vielen alltäglichen Situationen des Lebens auf der Hand. Ihres Erachtens ist diese Übung auch exemplarisch für Veränderungen zweiter Ordnung zu sehen, indem die Antwort nicht in dem vermuteten Rahmen des Quadrats gefunden werden kann, sondern außerhalb. Es gibt einen grundlegenden Unterschied, ob wir unsere Realität nach starren Regeln unbewusst auffassen und steuern (»Es muss so sein, und deshalb ist es so.«) oder ob wir eher merken, wie wir unsere Annahmen und die Realität mitgestalten und von daher auch verändern können. Hauptziel des Perspektivenwechsels ist das Hinaustreten aus dem alltäglichen, »normalen« Erlebnisrahmen in eine neue Sicht der Wirklichkeit, die uns zeigt, dass die Wirklichkeit doch anders sein kann.

Q Qualität der Sprache

Eine zentrale Theorie der Sprachwissenschaft befasst sich mit der Besonderheit, wie unsere Sprache das Denken formt. Sprache ist letztendlich ein Instrument, um Realität zu konstruieren. Wir nehmen bestimmte Informationen wahr und auf, und dann interpretieren wir diese. Wir werden dabei von unserer Lebensgeschichte beeinflusst, unter anderem von unserem Geschlecht, unserer Kultur und Sozialisation. Gleichzeitig prägen wir unsere Lebensgeschichte durch unsere Entscheidungen. Demzufolge ist es für einen Mediator umso wichtiger, Sprachmuster überlegt und bewusst auszuwählen und einzusetzen. Die Sprachmuster und die Qualität der Sprache, die wir vorgeben, können in einer Mediation Welten eröffnen.

Darüber hinaus ist die Schilderung von Gefühlsempfindungen für manchen Menschen wie eine neue Sprache zu lernen. Da aber unser Bildungssystem soziale Kompetenzen als nachrangig zum »IQ« (Intelligenzquotient) bewertet und somit diese leider sehr vernachlässigt, wird es immer Menschen geben, die ihrem Innenleben keinen Ausdruck zu verleihen wissen. Diejenigen, die nie gelernt oder erlebt haben, das Spektrum ihrer inneren Erlebnisse sprachlich zu erfassen, sind in vielerlei Hinsichten behindert, wenn es darum geht, Konflikte zu regeln.

Siehe auch T – Techniken der Gesprächsführung

Wir kehren daher wieder zu den zwei Ebenen der Kommunikation aus Kapitel B zurück: der Sach- und der Beziehungsebene. Anders formuliert bedeutet dies: Wir senden zweierlei Botschaften, nämlich über Tatsachen und über persönliche Befindlichkeiten und Gefühle. Beide Ausdrucksebenen sind notwendig und machen die eigentliche Qualität der Kommunikation aus. Es kann nicht nur »sachlich« kommuniziert werden – auch die Gefühle brauchen Platz! Die Frage ist, wie kommuniziert wird und mit welcher Qualität. Wenn Sie nach dem »1 – 2 – DD – Z-I-F-F«-Modell arbeiten und die darin enthaltenen Techniken der Gesprächsführung umsetzen, ist es möglich, die Kommunikation zwischen zwei Streitparteien zu verbessern und die konstruktive Qualität ihres Sprachgebrauchs zu erhöhen.

R   Recht, Ruhe und Ressourcen

Recht

Es gibt Mediationsfälle, in denen Recht und Gesetz eine wichtige Rolle spielen. Dies trifft beispielsweise zu auf manche Konflikte in Organisationen, bei Scheidungen oder in Nachbarschaften. Wenn sich zwei Menschen anstatt im Scheidungsverfahrens vor Gericht im Rahmen einer Mediation auseinandersetzen oder sich gütlich einigen wollen, braucht der Mediator natürlich Grundkenntnisse im Recht. Diese sind auch nötig, wenn ein Mediator beispielsweise zwischen einer Umweltgruppe und einer Stadtverwaltung vermittelt. Er muss sich vorher über die gesetzlichen Grundlagen informieren, um die Grenze der Mediation rechtzeitig erkennen und das Verfahren professionell begleiten zu können. Im Täter-Opfer-Ausgleich werden beispielsweise »Konfliktberater« im Straf- und Zivilrecht geschult und ausgebildet.

Ruhe

Die Bewahrung von Ruhe ist in der Mediation für den Mediator selbstverständlich. Es kann natürlich vorkommen, dass die Stimmen ab und zu lauter werden, dass jemand schreit oder auch weint. Ein Mediator muss dabei aufpassen, dass er selbst eine ruhige Haltung beibehält, um das Ganze nicht eskalieren zu lassen. Eine Ausnahme bilden solche Fälle, wo Eskalation als Maßnahme zur Verdeutlichung und zum Aufdecken ausdrücklich gewünscht ist.

Wir können in keinem Konflikt erfolgreich vermitteln, in dem die Kontrahenten ständig auf »180« sind und sich ihr Adrenalinspiegel eher auf einen Kampf oder einen 100-Meter-Lauf vorbereitet. Wenn wir merken, dass die Spannung steigt, haben wir verschiedene Handlungsspielräume:

❖ Wir können eine Pause einlegen (zum Beispiel Musik-, Snack- oder Kaffeepause);

❖ das Mediationsgespräch nach Vereinbarung vertagen;

❖ Einzelgespräche vereinbaren;

❖ eine kurze Stille- oder Entspannungsübung für alle anleiten;

❖ weitere Techniken zum Stressabbau einsetzen: beispielsweise kurze schriftliche Aufgaben wie eine Prioritätenliste aufsetzen, feinmotorische Beschäftigungen wie Ton modellieren oder Finger-Malen, Körperdehnungen, -bewegungen oder Aikido-Übungen usw.

Wenn Sie Spannungen abbauen möchten, versuchen Sie doch einmal folgende Übung:
Spreizen Sie die Finger, indem Sie den zweiten und dritten Finger sowie den vierten und fünften Finger aneinanderpressen (s. Abbildung) Halten Sie diese Stellung eine Minute lang.

Ressourcen

Sowohl positive Ich-Botschaften und das Loben, als auch die Herangehensweise, Menschen als vertrauenswürdige, gleichwertige und kompetente Partner zu behandeln, setzt oft weitere persönliche Ressourcen frei. Wenn Menschen streiten, zeigen sie selten ihre »beste Seite«. Deshalb brauchen sie Unterstützung, um selbst zu den Quellen ihrer konstruktiven Kräfte zu gelangen. Ein Mediator kann unter Umständen einige Schlüsselwörter und/oder Gesten als »Anker« einführen und immer wiederholen, um bestimmte Ressourcen aus einer Person herauszulocken.

Beispielsweise stellen einige Mediatoren im Rahmen einer Einzelberatung gezielte Fragen nach den Lieblingsbeschäftigungen ihrer Klienten in der Freizeit. Sie bewirken dadurch, dass sich die Menschen an eine wohltuende Tätigkeit erinnern können. Dies wird mit bestimmten Worten und Gesten rückgekoppelt und später knüpft der Mediator mit den betreffenden Schlüsselwörtern oder Gesten an diese angenehmen Erfahrungen und die Geschicklichkeit der Leute an. Die Offenheit, Stärke und Neugier einer Persönlichkeit aufzuspüren, zu bestätigen und immer wieder zu betonen ist eine Herausforderung für jeden Mediator.

Streitende Menschen in eine Haltung der Wendigkeit, Freimütigkeit und Offenheit zu bringen, ist äußerst schwierig. Das Konstruktive muss hervorgehoben und mit aktivem Zuhören, offenen Fragen, integrativen Aussagen und der Körpersprache betont und verstärkt werden. Es gibt auch einige Rituale, die als Hilfe für eine »atmosphärische« Auflockerung und als Forderung nach Verständigung dienen können. Eines dieser Rituale liegt in Deutschland auf der Hand: Das gemütliche und gemeinsame Kaffee- oder Teetrinken.

Lösung von S. 134

Ziehen Sie Ihre Linien über die durch die Punkte markierten Grenzen hinaus.

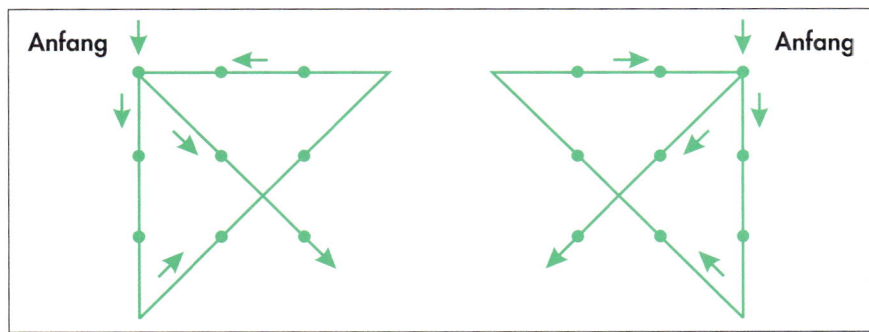

S   Spiegeln und Synthese

Spiegeln

Siehe auch Z – Zuhören

Spiegeln ist eine Art von aktivem Zuhören und heißt auf Englisch »to paraphrase and listen actively«. Dies bedeutet: Das Gesagte zusammenzufassen, teils in eigenen Worten und teils im Wortlaut des Sprechers. Es gibt sehr viele Begriffe, die angewendet werden, um gleiche oder ähnliche Vorgehensweisen zu beschreiben. Unter anderem befasst sich »einfühlsames oder empathisches« Zuhören auch mit dem sinngemäßen Zurückspiegeln der Gefühlswelt.

Spiegeln beinhaltet lediglich eine konstruktive Wiedergabe des Geäußerten, um Missverständnisse zu klären und eine bessere Verständigung zu erreichen. Ohne eigene Stellungnahmen, Zurückweisungen oder Ratschläge einzuflechten, gibt dabei der Zuhörer eine Rückmeldung über die Ausführungen seines Gesprächspartners: Er teilt mit, welche Inhalte und Gefühlslagen dem Gesagten entnommen wurden. Es wird nicht Partei ergriffen und es werden keine Interpretationen oder Unterstellungen eingeflochten.

Es gibt zwei Hauptkategorien des Spiegelns:

1. Eine faire, kompakte Zusammenfassung und Wiedergabe der genannten Fakten, der Gefühle und der Gedanken.
2. Eine Zusammenfassung und Verdeutlichung des Gesagten in Form von Nachfragen, um Fakten, Gefühle und Gedanken zu klären.

Beim Spiegeln sollte ein mechanischer, ironischer oder gekünstelter Tonfall unbedingt vermieden werden. Wenn das Spiegeln unecht und unehrlich wirkt, dann wird es eher als Schein oder als eine Manipulation aufgefasst.

Übung

Stellen Sie sich jetzt vor, dass Sie von einer ehemaligen Kollegin besucht werden, die von ihrem Arbeitsstress berichtet. Sie sind per du miteinander und Sie versuchen gleich nach ihren Schilderungen zu spiegeln.

K: Weißt du, ich bin völlig fix und fertig. Nur Ärger mit meinem Kollegenkreis. Sie können weder eine vernünftige Entscheidung treffen, was den straffälligen Jungen betrifft, noch sich einigen, wer die Verantwortung für das Besorgen der Weihnachtsgeschenke übernimmt. Darüber hinaus komme ich mir so überflüssig und nicht ernst genommen vor. Jedes Mal, wenn ich Ungereimtheiten anspreche, wird mir gesagt, dass alles palletti ist und ich bloß wieder problematisiere. Wenn ich ehrlich bin, komme ich mir vor wie das fünfte Rad am Wagen.

Nun sind Sie an der Reihe: Wie und was spiegeln Sie als Gesprächspartner in einer solchen Situation?

a) Du bist wirklich fertig wegen der Arbeit und den Fehlentscheidungen deiner Kollegen.

b) Du bist völlig fix und fertig wegen der sogenannten Mitarbeit in deinem Kollegenkreis und bedauerst sehr, dass wichtige Entscheidungen nicht sofort getroffen werden.

c) Du bist so fix und fertig und würdest am liebsten das Handtuch werfen und dir eine andere Arbeit suchen. Das ist wohl verständlich. Es geht um deinen Kollegenkreis und sie nerven dich total, da sie keine vernünftige Entscheidung wegen des Jungen oder Weihnachten treffen können oder wollen. Dies hat dich mächtig frustriert und geärgert. Du hast dich in der Runde »beschissen« gefühlt. Ich hätte auch keine Lust mit solchen Pennern zusammen zu arbeiten!

d) Deine Arbeit und Kollegen nerven dich und du bist heute sehr unzufrieden. Eventuell erwartest du zu viel von einer Sitzung mit ihnen. Es gibt manchmal Zeiten, wo sich Menschen erst austauschen müssen, um Lösungen für aufgetauchte Probleme und Schwierigkeiten zu finden. Vielleicht fühlen sich einige deiner Kollegen verunsichert von deiner Art, die Dinge so zu nennen wie sie sind. Sie wollen die Gruppenentscheidungen vorsichtig und langsamer treffen. Kannst du dies nachvollziehen?

e) Es ging Dir nicht gut auf der Arbeit. Du hörst dich sehr frustriert an – oder wie du geschildert hast, völlig fix und fertig. Du erlebtest, dass keine gute Entscheidung bezüglich des straffälligen Jungen getroffen wurde und dass die Verantwortung für das Besorgen der Weihnachtsgeschenke nicht geklärt wurde. Außerdem habe ich den Eindruck, dass du Dich in der Runde sehr alleine und nicht ernst genommen gefühlt hast, da alle anderen die Entscheidungen und Probleme verdrängen und ein Gespräch in der Runde verweigern. Stimmt das?

Überlegen Sie sich, wie Sie reagieren würden. Im folgenden Text finden Sie meinen persönlichen Kommentar zu den einzelnen Alternativen. Dieser soll Ihnen helfen, Ihre Antwort besser einordnen zu können.

Zu a) Diese Antwort reicht nicht ganz aus. Es wurde viel mehr Inhalt übermittelt als nur das »Fertigsein«. Zudem wurden die »Fehlentscheidungen« unterstellt und in das Gesagte hineininterpretiert.

Zu b) Diese Antwort klingt aufgrund der Formulierungen »wegen der sogenannten Mitarbeit« sowie »(können) wichtige Entscheidungen heute nicht getroffen werden« eher ironisch. Auch hier wurde wieder interpretiert. Außerdem werden die Empfindungen und vor allem der Frust sowie der Mangel an Verständnis nicht hervorgehoben. Beim Spiegeln wollten wir aber zeigen, dass wir die Inhalte und Gefühlslage verstanden haben, und diese ernst nehmen. Mit Ironie und Sarkasmus *gelingt dies selten.*

Siehe W – Wutmanagement

Zu c) Die Gefühle werden in dieser Spiegelung betont und dramatisiert. Wenn die Gefühle zusammengefasst werden, ist es aber sinnvoller, »hinter den Ärger« zu schauen und die entsprechenden Emotionen zu spiegeln, da Ärger und Wut sekundäre Gefühle sind. Sie resultieren aus einer Anhäufung von Grundgefühlen. Ferner ist es beim Spiegeln nicht das Ziel, Empfindungen vom Sprecher zu übernehmen. Durch Spiegeln zeigt man Verständnis und nicht eine Meinungsübereinstimmung.

Zu d) Dies ist keine reine Spiegelung, sondern stellt einen Kommentar und eine kleine Belehrung dar, dazu kommt die moralische Fragestellung: »Erwartest du zu viel?« Auch der Appell zum Verständniszeigen ist nicht angebracht. An dieser Stelle sollte nur Verständnis gegenüber dem anwesenden Gesprächpartner gezeigt werden. Vielleicht ist ein solcher Appell später angebracht, hier aber nicht! Mediatoren müssen unbedingt zwischen Ratgeben, Moralisieren, appellierendes »Verständnis-Fragen« und Spiegeln unterscheiden lernen!

Zu e) Bei dieser Spiegelung ist das Wesentliche der ursprünglichen Mitteilung erfasst worden: die Frustration über den Kollegenkreis, über die ausstehenden Entscheidungen und schließlich in Bezug auf das Gefühl »überflüssig und verspottet-zu-sein«. Das Geäußerte wurde umformuliert in eine Gefühlsspiegelung und endet mit einer Nachfrage nach der Richtigkeit dieser Zusammenfassung. Einige Begriffe der ursprünglichen Aussage wurden übernommen, einige wurden weggelassen. Die Gefühle wurden nicht dramatisiert, sondern leicht verständlich angenommen.

Grundsätzlich droht beim Spiegeln die Gefahr, künstlich anzukommen, wenn zum Beispiel die Sätze wie durch einen Roboter runtergespult werden. Die Kunst ist, in der jeweiligen Situation den angemessenen Grad der Wiederholung und Signalisierung der Empathie zu finden.

Es gibt Übergangsmomente, in denen die Streitenden scheinbar dabei sind, das Problem oder den Konflikt wirklich zu definieren und einander zuzuhören. Aus heiterem Himmel sagt dann aber ein Beteiligter etwas, was sein Gegenüber wieder in die Höhe treibt.

In solchen Fällen kommt es besonders auf ein geschicktes Reagieren des Mediators an: Das Wesentliche sollte er sofort zusammenfassen und spiegeln. Das, was nicht so wichtig ist, und das, was eventuell als kurzzeitige, unüberlegte Reaktion aufzufassen wäre, sollte er nicht zu sehr betonen. Wenn allerdings eine reale Kränkung oder Verletzung entstanden ist, kann der Mediator in neutralen Worten nachhaken, ohne die Beschimpfung zu spiegeln.

Zum Beispiel:

> A: »Da fängst du wieder an …«
> B: »Du Arschloch, jetzt habe ich keine Lust mehr.«
> A: »Du bist nicht nur ein Arsch …«
> B: »Halts Maul.«

Mediatorin: Entschuldigen Sie. Ich unterbreche jetzt. Wir haben am Anfang verabredet, dass wir alle versuchen, konstruktiv miteinander umzugehen. Sie wissen beide, dass uns Beschimpfungen nicht weiterbringen. Ich muss ehrlich gestehen, dass ich nicht mehr weiß, worum es im Augenblick zwischen Ihnen geht. Ich kann Ihrer eigentlichen Argumentationslinie nicht mehr folgen: A meinte, dass B wieder mit etwas anfängt. Und dies hat B offensichtlich gereizt. Als Mediatorin will ich dies jetzt klären: A – könnten Sie mir bitte aus Ihrer Sichtweise sagen, womit B angefangen hat? B – Sie werden ebenfalls gleich die Chance bekommen, genauso Ihre Meinung mitzuteilen. (Die Mediatorin demonstriert hier Zuhören und Spiegeln.)

Übung

Versuchen Sie nun, sich vorzustellen, dass die folgenden Aussagen von Konfliktparteien stammen. Sie sind jetzt der Mediator und wollen das Gesprochene spiegeln. Notieren Sie sich dazu Ihre Gedanken.

a) Gestern ist mir etwas Schreckliches passiert. Ich habe meinem Chef ein Memo über die fehlenden Rechnungen gegeben und mich über die Mitarbeit der anderen beschwert. Er hat das Memo gleich fotokopiert und an der Pinwand im Flur befestigt.

✎ _____

_____

_____

_____

b) Ich habe bemerkt, dass es eine feste Clique in unserer Abteilung gibt. Sie gehen immer zusammen zu Tisch und fragen nie, ob wir anderen auch noch mitkommen wollen.

✎ _____

_____

_____

_____

c) Nichts klappt heute, weder zu Hause noch auf der Arbeit, und dann stand ich auch noch im Stau und war so richtig voll bedient!

✎ _____

_____

_____

_____

Im Folgenden erhalten Sie wieder meine persönlichen Anmerkungen, um Ihre eigenen Angaben überprüfen zu können.

Spiegelung zu a):
Dir ist gestern etwas Schreckliches passiert. Nachdem du deinem Chef ein Memo über die fehlenden Rechnungen und mangelnde Mitarbeit der Kollegen eingereicht hast, hat er dies gleich veröffentlicht, ohne eine Absprache mit dir zu suchen. Habe ich das richtig verstanden?

Spiegelung zu b):
Du hast bemerkt, dass es eine Clique gibt, da eine bestimmte Gruppe von Mitarbeitern immer gemeinsam zu Tisch geht, ohne dich und andere mit einzuladen. (Wir können auch die versteckten Gefühle vorsichtig ansprechen: Ich könnte mir vorstellen, dass es dir unbehaglich oder unangenehm ist. Stimmt das?)

Spiegelung zu c):
Du hast das Gefühl, dass dir heute nichts gelingt – weder zuhause noch auf der Arbeit. Hinzu kam, dass du im Stau gestanden hast, und das hat dich dann wirklich frustriert, nicht wahr?

Synthese

Wie ich bereits erwähnt habe, ist die Synthese ein Statement des Mediators, welches die Gemeinsamkeiten der Konfliktparteien – auch in ihrer Uneinigkeit – hervorhebt. Als Mediator formuliere ich, was die Konfliktparteien auf der Gefühlsebene im Konflikt vereinigt. Zum Beispiel:

❖ Sie sind beide sehr verletzt.
❖ Sie haben sich beide aufgeregt.
❖ Beide von ihnen meinen, dass einer dem anderen absichtlich Schaden zugefügt hat.

Weiterhin ist es möglich, die Zielvorstellungen als Synthese zu formulieren:

❖ Beide von ihnen möchten, dass der andere sie respektiert.
❖ Beide von ihnen haben es satt, diese Art von Spannung ertragen zu müssen und wären bereit, eine Konfliktlösung anzustreben.

❖ Obwohl sich beide von ihnen nach wie vor im Recht fühlen, haben sie beide den Wunsch geäußert, an einer Konfliktregulierung mitzuarbeiten.

Die Synthese dient dazu, die Gemeinsamkeiten in einem Streit zu beleuchten anstatt die Differenzen hervorzuheben. Es ist – metaphorisch gesehen – wie ein Brückenschlag: »Sie vertreten beide unterschiedliche Meinungen, haben Gründe dafür, unterschiedliche Gefühle zu empfinden oder Deutungen zu erfassen …. trotzdem teilen sie einige gemeinsame Interessen oder Ziele.«

Die Kunst bei der Synthese ist, Elemente unterhalb der Eisgebirge nach oben zu bringen, ohne dass eine Partei sich verachtet oder diskriminiert fühlt.

Eine Synthese kann misslingen, wenn ein Mediator diese nicht sorgfältig genug formuliert: Beispielsweise wenn er sagt: »Sie sind zwar beide niedergeschlagen, aber andererseits ungeheuer stur und dickköpfig. Gleichzeitig wollen Sie, dass der andere unverzüglich mit der Sabotage im Büro aufhört.« Eine solche Synthese dürfte eher Widerstand als Verständnis bei den Beteiligten erwecken. Wenn sich die Gemeinsamkeiten – sogenannte »Lichtpunkte« – von beiden nur auf unvorteilhafte oder destruktive Eigenschaften oder Beweggründe beschränken, gelangen die Parteien nicht unbedingt in ein Stadium der Einfühlsamkeit. Haben Sie sich als Kind nicht auch anhören müssen: »Seid nicht so kindisch, ihr beiden« oder »Ihr seid echt blöd, habt ihr nichts Besseres zu tun?«

Also – denken Sie an die positiven Gemeinsamkeiten unter den Eisbergen und an die »vier A's« bei Ihren Formulierungen!

T Techniken der Gesprächsführung und Transaktionsanalyse

Techniken der Gesprächsführung

Es gibt allgemein so bezeichnete »Killerphrasen« der Kommunikation, die einfach alles vernichten. Alle vorgeschlagenen Veränderungen oder Ideen werden als untauglich abgestempelt, bestritten und dementiert. »Das geht absolut nicht!« oder »Dagegen gibt es allerhand Gründe« sind zwei bekannte Beispiele dafür. Bei harten Fällen, wenn Gesprächspartner hauptsächlich über »Killerphrasen« kommunizieren, ist ein Mediator herausgefordert, einige Techniken der Gesprächsführung anzuwenden. Vor allem muss er die Inhalte immer wieder neutral spiegeln. Wenn die eine oder die andere Partei mauert und überhaupt kein Entgegenkommen zeigt, muss die grundsätzliche Frage gestellt werden: »Sind Sie noch bereit, hier konstruktiv mitzuwirken – wie wir dies am Anfang beschlossen haben?« Wenn nicht, ist eine sofortige Unterbrechung mit einer Vereinbarung für einen späteren Termin zu empfehlen.

Bereits erläutert habe ich die Anwendung von: Metaphern, Analogien, Verdinglichungen, kreativer, nonverbaler Herangehensweisen und Perspektivenwechsel. Daneben gibt es eine Fülle von Techniken der Gesprächsführung, die die Tragweite der geschulten, gewaltfreien Rhetorik, der Kommunikation und des Takts beweisen. Es gibt verschiedene Begriffe und Strategien für Übersetzungsvorgänge innerhalb der Mediation, die dazu beitragen, sowohl eine andere Sichtweise oder Orientierung zur Klärung ins Gespräch zu bringen als auch das Wesentliche von negativen emotional-geladenen Formulierungen herauszufiltern.

Sie sind so genannte »Türöffner«: wichtig zur Auflockerung, Verständigung, Informationssammlung, Deeskalation und Förderung des Konfliktbearbeitungsprozesses. Durch Übungen und Praxis gewinnen Mediatoren das notwendige Wissen und schulen ihre Intuition, um im entscheidenden Moment eine angemessene und effektive Technik einzusetzen und ihr eigenes Verhalten gleichfalls zu steuern.

In Kombination oder getrennt vom Spiegeln, aktiven Zuhören oder von der Synthese können wir weitere Strategien verwenden.

Weitere Techniken der Gesprächsführung

❖ **Körpersprache einsetzen**
Durch die Körpersprache kann man »Zugewandtheit«, Sympathie und Affirmation signalisieren. Man kann »Anker« oder Schlüsselzeichen für die Diskussion vereinbaren. Ich benutze zum Beispiel oft das »Time-out«-Handzeichen in einer Mediation mit Schülern, um einer Partei zu signalisieren: »Bitte aufhören zu reden!«, damit ich dann umgehend ihre Sichtweise spiegeln kann. Wenn Leute zu lange reden, ist es äußerst schwierig, das Gesamte vollständig zu behalten und wiederzugeben. Außerdem ist es empfehlenswert, dass die Redezeit für die Einzelnen nicht zu lang ist, um Gleichgewicht und Schwung in dem Gespräch zu halten.

❖ **Echo-Antworten verwenden**
Nur ein Wort oder eine Phrase kann man beispielsweise im folgenden Fall einsetzen:
Klient: »Und ich merkte, dass ich fehl am Platz war und fand das Verfahren sehr unfair.«
Mediator: »Hmmm – unfair?« Er sprich dies mit fragender Mimik, Tonlage und Körpersprache, um den Klient einzuladen, weiter zu erläutern und genauer zu beschreiben, was er unfair fand.
Dies ist besonders wichtig, wenn es um Unklarheiten geht. So lenken Sie die Aufmerksamkeit unaufdringlich auf Punkte zur weiteren Klärung – ohne offensichtliche Unterbrechungen oder Nachfragen.

❖ **Zusammenfassungen einbringen**
Ausführlichere Zusammenfassungen des Gesagten beider Streitparteien werden eingefügt, um das Gespräch zu straffen und sich auf einige Punkte oder Schlüsselsätze der Betroffenen zu konzentrieren.

❖ **»Reframing« oder Umformulierungen anwenden**
»Reframing« stellt eine Aussage oder einen Erfahrungsbericht in einen neuen Kontext. Die »Einrahmung« des Problems oder Konflikts wird gewechselt und dadurch entstehen neue Zusammenhänge und Per-

spektiven der Wirklichkeit, wie beispielsweise im Neun-Punkte-Spiel: aus dem Quadrat zu springen und das Umland mit einzuschliessen. Dies ist ein mächtiges Instrument zur Klärung und hat zur Folge, dass allgemeine Gegenüberstellungen, negative Meldungen, negative Du-Botschaften umgewandelt werden. Durch eine geschickte Umformulierung können wir etwas Destruktives in ein konstruktives Licht stellen.

Durch sorgfältig umformulierte, offene Fragen können wir:

- die Forderungen hinter der Wut identifizieren;
- die Wünsche hinter einer Beleidigung andeuten;
- die Bedürfnisse und Verletzungen hinter einer Enttäuschung
  bzw. einem Zornausbruch in einer offenen Frage formulieren;
- Beschuldigungen in Forderungen umwandeln.

Darüber hinaus kann »Reframing« eine andere Perspektive, Sichtweise oder einen anderen Zusammenhang durch eine Fragestellung beleuchten. Nachdem zum Beispiel eine Person einige Male gespiegelt wurde und später behauptet: »Leute in dieser Firma können sich einfach nicht benehmen«, antwortet der Mediator, »Es kann durchaus sein, dass es Unterschiede von Firma zu Firma gibt. Sie beobachten und spüren dies offensichtlich hautnah. Können Sie bitte genauer sagen, was Sie meinen? Wie haben sich die Menschen in Ihrer ehemaligen Firma verhalten?«

Weiter können wir wie beim Perspektivenwechsel auch den »Rahmen« austauschen und die Selbstverständlichkeiten, die einer Bemerkung zu Grunde liegen, in Frage stellen. Die Grenzen dieser verbalen Umformulierung sind eher fließend zur nächsten Technik des konstruktiven Umdeutens.

❖ Inhalte konstruktiv umdeuten

»Die Sprache zu reinigen« beinhaltet, negative Heftigkeit und Gemeinheiten herauszufiltern, um den Dialog zu fördern. Das Englische »to laundry statements« bedeutet, die konstruktiven Inhalte aus dem ursprünglich abschätzig formulierten Material herauszusieben. Dies ist im Grunde genommen ein weiterer Aspekt der Umformulierungskunst. Ein Mediator muss kein Psychologe sein, um herauszuhören, was die Menschen eigentlich bewegt. Er braucht Geduld, Zeit und Einsicht dafür, um gewisse Dinge auszuwählen und herauszulassen:

Siehe auch P – Perspektivenwechsel

Versteckte Angebote, Versöhnungsabsichten, dementierende Gemeinsamkeiten werden hervorgehoben.

Böse Absichten oder Mutmaßungen werden nicht so herausgehoben gespiegelt oder zusammengefasst. Wahrnehmungsstörungen, vorgefertigte Urteile, Vorurteile und stellvertretendes, rachsüchtiges Reden über andere werden identifiziert und entweder einfach weglassen oder in einer neutralen Art und Weise zur weiteren Klärung thematisiert.

Ferner können Mediatoren zugespitzte Hässlichkeiten, Schmähungen, Aversionen, Verwerflichkeiten und Generalisierungen nicht nur beim Spiegeln ausklammern, sondern die Grundgefühle durch offene Fragestellungen erkunden.

A und B sprechen schnell und reden gleichzeitig aufeinander ein – der Konflikt eskaliert.

A: Du bist so richtig gemein und ekelig, wenn es darum geht, die neuen Räume aufzuteilen.

B: Du nutzt mich gnadenlos aus – du Fießling!

Mediator: Entschuldigen Sie. Bitte denken Sie an die Vereinbarung zu Beginn der Mediation: Unter anderem haben wir uns darauf verständigt, dass Sie Beleidigungen unterlassen. Habe ich jetzt richtig verstanden, dass Sie – B – das Gefühl haben, dass Ihnen Unrecht getan wird? A – meinen Sie, dass die Art und Weise, wie die Räume aufgeteilt werden, nicht gerecht ist?

Ein grundlegendes Wohlwollen soll in der Gesamtwirkung des konstruktiven Umdeutens überwiegen. Selbstverständlich sollte immer wieder auf die Grundregeln hingewiesen werden. Wenn eine emotional geladene Sprache im Gespräch überwiegt, wissen wir auf jeden Fall, dass es versteckte Empfindungen von großer Bedeutung gibt, die vorsichtig in den Vordergrund geholt werden müssen. Würden wir dies nicht tun, wäre keine Klärung auf einer Sachebene möglich. Also: Tauchen Sie unter das Eisgebirge!

❖ **Unglaube und Zweifel zurückhalten**

Unsere Zweifel am Wahrheitsgehalt und an der Stichhaltigkeit einer Aussage sollten wir vorerst zurückhalten und abwarten. Als Mediatoren schenken wir den Konfliktparteien dadurch eine enorme Dosis an Aufmerksamkeit, Respekt, Toleranz usw. Es kann Wunder wirken, wenn Menschen zunächst angenommen werden und ihnen so zugehört wird, dass sie ihr Bestes geben und ehrlich sind. (Mediatoren dürfen sich dabei aber nicht ausnutzen oder verletzen lassen!)

❖ Nachfragen

Wenn es in manchen Fällen um die Umdeutung oder einen Perspektivenwechsel geht, können versteckte Impulse kreativ in Form einer Nachfrage formuliert werden. Das beinhaltet nicht, dass Mediatoren Lösungsvorschläge präsentieren sollen, sondern Vorschläge zur Verständigung in das Geschehen einfließen lassen können. Nach dem Motto: »Könnte man dies auch so … verstehen?«

❖ Hypothesen aufstellen

Vor allem im fortgeschrittenen Stadium der Mediation ist es oft sinnvoll Hypothesen aufzustellen. Beispielsweise kann geäußert werden: »Was würde passieren, wenn …?«
»Wenn …, können Sie sich vorstellen, dass Sie einen Weg fänden?«

❖ »Doppeln« oder »Eindoppeln«

Wenn eine Streitpartei sprachlich unterlegen ist bzw. anscheinend Hilfe braucht, um ihre Sichtweise zu formulieren, gibt es eine Interventionsform, die wir als Mediatoren wählen können: Wir oder eine eingeweihte Person reden bzw. redet kurzzeitig für diese Person. Diese Art der Intervention heißt »Doppeln«. Christoph Thomann und Friedemann Schulz von Thun erläutern in ihrem Buch »Klärungshilfe« (1994):

»1. Der Klärungshelfer (Anm. der Autorin: In diesem Fall der Mediator) holt sich die Erlaubnis des Klienten zum Doppeln: ›Darf ich neben Sie kommen und etwas für Sie zu Ihrem Partner sagen, und Sie sagen anschließend ob das stimmt?‹ Zuweilen fragt er ihn ebenso, ob er seinen Partner in Du-Form und mit seinem Vornamen ansprechen dürfe, so wie er es selbst zu tun pflegt …

2. Der Klärungshelfer spricht für einen Klienten. Er verlässt dazu seinen Stuhl, hockt oder kniet sich schräg neben oder hinter den Klienten, sodass seine Kopfhöhe tiefer ist als die des Klienten. Aus dieser Position heraus sagt er mit Blick auf den Partner, dessen Vornamen er zur expliziten Adressierung seiner Aussage nennt, etwas für den gedoppelten Klienten …

3. Der Klärungshelfer fragt den Klienten, ob er zutreffend für ihn gesprochen habe: ›Stimmt das so für Sie?‹ Wenn es nicht ganz stimmt, ergänzt, korrigiert oder formuliert der Klient neu. Wenn es richtig war, bittet der Klärungshelfer (Mediator) den Klienten unter Umständen, das Gesagte mit eigenen Worten selber seinem Partner zu sagen.

   Hinzu kommt, daß es in einem systemischen Rahmen stattfindet, das heißt,

   – keine Opfer- und Täterfixierungen, sondern Feststellung der Wechselwirkungen;

- keine Schuldzuweisungen, sondern Mitbeteiligung.
- Der Doppler betont zudem den Blick in eine mögliche positive Zukunft, statt den Blick zurück im Zorn.
- Statt der angedrohten Konsequenzen (›Dich werde ich nie mehr …‹), betont er das Gefühl, das er dahinter vermutet oder zu erkennen glaubt (›Ich bin so tief enttäuscht, dass ich jetzt sogar überzeugt bin, ich könnte in aller Zukunft nie mehr … wobei mir natürlich klar ist, dass ich nicht wirklich weiß, wie es in drei Wochen um mich steht.‹)« (Aus: Thomann/Schulz von Thun 1994, Seite 110, 113–114).

Wir brauchen Übung, um zu lernen, zwischen den Zeilen zu lesen, die Körpersprache zu deuten und aus dem Ton herauszuhören sowie monokausale und festschreibende Aussagen zu relativieren. Diese Intervention ist in der Mediation mit Sorgfalt einzusetzen, da wir ständig um ein Gleichgewicht der Macht zwischen den Streitenden ringen und unsere Allparteilichkeit bewahren müssen. Auf keinen Fall wollen wir bezwecken, dass sich einer der Beteiligten zurücklehnt etwa nach dem Motto »Mach mal«.

Siehe P – Perspektivenwechsel

Nach der Zustimmung der gedoppelten Sequenzen: »Ja, das stimmt für mich!« wird der Gedoppelte gebeten, den Inhalt direkt dem Anderen gegenüber zu wiederholen. Der Mediator kehrt zurück in die Rolle als Vermittler. Er fasst entweder das Gesagte kurz und knapp zusammen oder bezieht die andere Person mit ein, indem er fragt, ob sie dies kurz spiegeln würde. Diese Erweiterung ermöglicht ein weiteres Ziel in einem Mediationsverfahren: den Perspektivenwechsel.

Bei allen Anwendungen der oben genannten Techniken ist es wichtig, die Überzeugungskunst und -kraft für eine effektive Konfliktbearbeitung zu erhöhen – anstatt Druck auszuüben.

Zum Abschluss nun für Sie ein Muster für eine Mediationsgesprächsführung:

Gesprächsführung

Ein Muster für eine Mediation

1. Vorbereitung vorab, u.a. Stress abbauen, konstruktive Atmosphäre schaffen; eventuell Vorgespräche mit beiden Konfliktparteien; Erklärung des Mediationsverfahrens und Vereinbarung der Grundregeln.

2a. Was ist passiert?
A: ✎ _____ (zusammenfassen)   B: ✎ _____ (zusammenfassen)

2b. Das Problem oder der Konflikt, das/der zwischen Ihnen steht, habe ich so verstanden … Stimmt das?
A: ✎ _____ (zusammenfassen)   B: ✎ _____ (zusammenfassen)

3a. Wie ging es Ihnen dabei?
A: ✎ _____ (zusammenfassen)   B: ✎ _____ (zusammenfassen)

3b. Synthese: Es ging Ihnen beiden nicht gut, weil … Stimmt das?
A: ✎ _____ (zusammenfassen)   B: ✎ _____ (zusammenfassen)

3c. Welches Ziel hatten Sie?
A: ✎ _____ (zusammenfassen)   B: ✎ _____ (zusammenfassen)

3d. Kann jede/r bitte wiederholen, was die/der andere eigentlich wollte?
A: ✎ _____ (zusammenfassen)   B: ✎ _____ (zusammenfassen)

3e. Was wünschen Sie sich? Was müsste Ihrer Meinung nach passieren?
A: ✎ _____ (zusammenfassen)   B: ✎ _____ (zusammenfassen)

3f. Kann jede/r bitte den Wunsch der/anderen des anderen wiederholen?
Wie wissen jetzt, was beide von Ihnen wollen und was für notwendig gehalten wird.

4a. Welche mögliche Lösungen gibt es nach Ihrer Meinung? Bitte erstmal ohne Bewertung.
A: ✎ _____ (zusammenfassen)   B: ✎ _____ (zusammenfassen)

4b. Was kann getan werden? Wozu wären Sie bereit? Was hätte jede/r gern?
A: ✎ _____ (zusammenfassen)   B: ✎ _____ (zusammenfassen)

4c. Kann jede/r bitte wiederholen, was die/der andere meint?
Die Lösungen/Regelungen, die Sie für möglich halten, habe ich so verstanden …

5a. Was könnte nun vereinbart werden? Welche Lösung/Regelung bzw. Teillösung können Sie jetzt vereinbaren?
A: ✎ _____ (zusammenfassen)   B: ✎ _____ (zusammenfassen)

5b. Können Sie beide mit so einer Entscheidung leben? Gibt es Bedenken? Wann haben Sie beide Zeit, sich in zwei (vier, …) Wochen zu treffen?
A: ✎ _____ (zusammenfassen)   B: ✎ _____ (zusammenfassen)

6a. Wollen Sie noch etwas sagen?
A: ✎ _____ (zusammenfassen)   B: ✎ _____ (zusammenfassen)

6b. Sonst lassen Sie uns einen Vertrag abschließen.

7. Vielen Dank für Ihre Zusammenarbeit und bis zum nächsten Mal am _____!

Transaktionsanalyse

Berühmt geworden ist die Transaktionsanalyse durch Eric Bernes Bestseller: »Spiele der Erwachsenen«. Die Transaktionsanalyse kategorisiert den Ausgangspunkt des menschlichen Verhaltens durch drei Ich-Zustände der Persönlichkeit:

Diese Aufteilung ähnelt Freuds Aufteilung der Strukturen der Persönlichkeit: Über-Ich, Ich und Es. Der *Eltern-Ich-Zustand* (Über-Ich) ist durch unser moralisches und »Muss«-»Soll«-Denken gekennzeichnet. Wir haben einiges von unseren Eltern, äußeren Vorbildern und anderen Autoritätsfiguren übernommen und verinnerlicht, ob wir dies zugeben wollen oder nicht.

Der *Erwachsenen-Ich-Zustand* symbolisiert den Zustand der Gegenwart: Wir sortieren und überprüfen Tatsachen, treffen Entscheidungen. Wir bemühen uns, so objektiv zu sein wie möglich und wir sind weder moralischen Zwängen noch unseren Trieben verhaftet.

Der *Kindheits-Ich-Zustand* umfasst die natürlichen Impulse, die ein Kind hat. Außerdem enthält er die Aufzeichnungen und Grundanschauungen aus früheren Jahren und Erfahrungen mit der Umwelt.

Handeln wir nach dem Muster unserer Eltern, befinden wir uns im *Eltern-Ich-Zustand*. Wenn wir uns dagegen mit unserer gegenwärtigen Realität nüchtern auseinander setzen und beispielsweise rational analysieren und Wahrscheinlichkeiten abschätzen, sind wir im *Erwachsenen-Ich-Zustand*. Wenn wir handeln und fühlen wie in unserer Kindheit, so leben wir in unserem *Kindheits-Ich-Zustand*.

In der Mediation, wenn man der Theorie der Transaktionanalyse folgt, ist es am Anfang wichtig, hellhörig und wachsamer in Transaktionen mit anderen zu werden, und zu merken, aus welchem Zustand wir kommunizieren und agieren.

Die »TA« bietet ein zusätzliches Instrument zur Wahrnehmung und ein Schema dafür, aus welchem »Ich-Zustand« ein Mediator am effektivsten agiert. Das höchste Ziel ist die Erringung der Autonomie, also zu lernen, Verantwortung zu übernehmen, und nicht mehr Sklaven unseres Eltern-Ichs zu sein, somit Zwanghaftigkeiten oder Neigungen bzw. kindische Triebe und Impulse abzulegen. Kurz, wir müssen uns bewusst machen, welcher Teil von uns »den Ton« angibt und durch unseren Erwachsenen-Ich-Zustand die Angemessenheit und Wahrhaftigkeit beurteilen.

Wir sind nicht zersplittert, sondern lernen die eher moralischen und eher spielerischen Zustände aus unserer Kindheit und Vergangenheit durch das Erwachsenen-Ich zu koordinieren und zu vereinigen. Keine Frage: Anstrebenswert für Mediatoren ist es, authentisch zu bleiben und aus dem Erwachsenen-Ich-Zustand heraus zu reden und handeln.

Zur Vertiefung des Themas empfehle ich folgende Bücher: Berne 1967 und 121997, Harris 1973, Harris/Harris 1985 sowie James/Jongeward 1974.

U Unterschiede zwischen den Geschlechtern

Siehe I – Das Interkulturelle

Es gibt unzählige Möglichkeiten, menschliche Unterschiede zu kategorisieren:

Siehe P –
Perspekivenwechsel

- ❖ kulturelle Unterschiede,
- ❖ individuelle Unterschiede, beispielsweise im Wahrnehmungsschema,
- ❖ Generationsunterschiede,
- ❖ Klassenunterschiede (sozio-ökonomisch) sowie
- ❖ geschlechtsspezifische Unterschiede.

Das Geschlecht ist ein entscheidendes und universales Element der Identität und des Selbstgefühls aller Menschen für das ganze Leben. Wir treten in das Leben ein als ein weibliches oder männliches Wesen und begegnen dementsprechend Erwartungen und Normen. Mädchen lernen eher, ihren Emotionen Ausdruck zu verleihen, Gefühle wahrzunehmen und zu übermitteln, verbale sowie nonverbale Signale zu deuten. Jungen wird eher gelehrt, ihre Gefühle – wie Schuld oder Verletzlichkeit – herunterzuspielen, und sie verbringen ihre gemeinsame Zeit mehr mit Aktivitäten als mit Reden. Da Männer und Frauen eine andere Sozialisation durchlaufen, kann man daraus ableiten, warum es eine Kluft zwischen den Gesprächsarten beider Geschlechter gibt und warum sich dies als heimlicher Sprengsatz für eine Partnerschaft erweisen kann.

Beide Geschlechter werden gefördert, unterschiedliche Fähigkeiten sowie Denk- und Sprachmuster zu entwickeln und in unserem Selbstbild zu assimilieren. Eine Fehlkommunikation bedeutet daher nicht immer grundsätzliche Meinungsunterschiede, sondern kann ein Ergebnis unterschiedlicher Sprachstile sein. Daher ist dieses Thema auch für die Mediation so wichtig.

Wir sind alle mit dem Thema »Mann – Frau« konfrontiert, sogar wenn uns dies nicht unbedingt bewußt wird. Es ist notwendig, sich als Mediator einen Überblick über die üblichen geschlechtsspezifischen Konventionen, Gesprächsrituale und die daraus entstehenden Missverständnisse zu verschaffen. Rückblickend können sich wahrscheinlich viele von uns daran erinnern, wie wir den Eindruck bekommen haben, dass zwei Leute – ein Mann und eine Frau – aneinander vorbeigeredet haben, sei es im Berufsleben, in einer privaten Umgebung oder innerhalb einer Partnerschaft. Es gibt tatsächliche Unterschiede in der Art, wie wir kommunizieren und vor allem wie Konflikte ausgetragen oder angesprochen werden.

Gleichermaßen gibt es weltweit unterschiedliche Normen in der Gesellschaft: In den industrialisierten Ländern herrscht überwiegend noch die Männerwelt – das Patriarchat und somit die entsprechenden Vorstellungen von »Mann« und »Frau«. Demgegenüber haben beispielsweise Indianerstämme wie die Cherokee und die Iroquois das weibliche Können sehr hoch eingeschätzt. Die Gegenwart von Frauen in einer Delegation am Verhandlungstisch mit Weißen hatte zudem auch zeremonielle Bedeutung: Sie war eine Ehrenbezeugung. Tromel-Plötz zitiert eine Metapher, die Lisa R. Perry 1994 in Florida vortrug:

> »Die Cherokee waren schockiert, als ihnen klar wurde, dass die weiße Delegation ohne Frauen war. Für die Weißen war die Abwesenheit von Frauen normal und natürlich. Für die Cherokee hatte jedoch eine Delegation ohne Frauen kein Gleichgewicht und deshalb keine Ehre.« (Trömel-Plötz (Hrsg.) 1996, Seite 371)

Gespräche formen unsere Welt. Natürlich spiegeln sich dabei die Rollenverteilung und -selbstverständlichkeit in der Sprache wider. Beispielsweise stellen Macht und Solidarität Pole der geschlechtsspezifischen Unterschiede dar: Männer neigen dazu, den Machtfaktor im Gespräch zu spüren und sich dementsprechend zu verhalten. Frauen neigen im Gespräch zu einem kooperativen und solidarischen Stil.

Zugleich stellen Frauen und Männer immer wieder überrascht fest, dass ein ihrer Meinung nach normaler Sprachgebrauch in scheinbar unnormale Missverständnisse münden kann. Die Unbestimmtheit der Sprache sorgt nach Deborah Tannen, einer Soziolinguistin in den USA, für überraschende Verwirrung:

»Wenn Menschen versuchen, zusammenzuarbeiten, sind die vielschichtigen Bedeutungen von Gesten und Handlungen stets eine potentielle Quelle von Irritationen und Missverständnissen. Das kann besonders frustrierend sein, wenn es um Sprache geht, weil wir von ihr Eindeutigkeit erwarten. Schließlich haben wir Wörterbücher, die uns die Bedeutung der Wörter erklären. Wir möchten, dass die Sprache fest gefügt ist, sodass wir unsere Botschaften unter Kontrolle haben: Dies bedeutet das, basta! Daß Unterschiede im Gesprächsstil so große Verwirrung stiften, scheint mitunter mehr zu sein, als wir verkraften können.« (Tannen 1997, Seite 347)

»Männer stammen vom Mars, Frauen von der Venus« schlussfolgert John Gray (1998) nachdem er und seine Frau Bonnie sich auf die Suche nach dem Erkennen der geschlechtsspezifischen Unterschiede begaben. »Nur selten meinen Männer und Frauen dasselbe, wenn sie dieselben Worte benutzen«. Verständnis füreinander und Diplomatie sind nur möglich, wenn beide Geschlechter aus einer gesunden eigenen Würde die Unterschiede zwischen Männern und Frauen annehmen und respektieren können. Guter Wille allein reicht nicht, da Männer noch immer erwarten, dass Frauen denken und reagieren wie Männer, ebenso wie Frauen von dem umgekehrten Fall ausgehen.

Was soll als geschlechtsspezifischer Unterschied gelten? In dem Moment, wo Verallgemeinerungen behauptet werden, findet man die erste Ausnahme. Natürlich hängt es auch von einem Individuum ab, wie stark die typischen weiblichen oder männlichen Eigenschaften übernommen und ausgelebt werden. Trotzdem gibt es zahlreiche Arbeiten in der Literatur und Forschung, mit Hinweisen darauf, welche unterschiedlichen geschlechtsspezifischen Tendenzen eine Rolle in Gesprächen spielen, die zu falschen Auslegungen, Fehlschlüssen und Zank führen. Die Ursache der Missdeutungen und des Streits verbirgt sich hinter verschiedenen Sprachregeln, Stilen, Ritualen und Traditionen, die Männer und Frauen gelernt haben.

»Frauen benutzen Mechanismen, die andere ermutigen, sich an der Interaktion zu beteiligen, und sie signalisieren ihre Aufmerksamkeit; Männer hingegen kämpfen um das Wort, unterbrechen häufig, machen starre Behauptungen und widersprechen anderen uneingeschränkt.« (Holmes, Janet; In: Trömel-Plötz (Hrsg.), 1996, Seite 87f.)

Daborah Tannen (1997) stellt fest:

»Männer, deren oppositionelle Strategien wörtlich ausgelegt werden, können wider Willen feindselig wirken, und ihr Versuch, einen unterlegenen Eindruck zu vermeiden, wird leicht als Arroganz missdeutet Wenn Frauen Gesprächsstrategien anwenden, die darauf angelegt sind, den Anschein der Prahlerei zu vermeiden und Rücksicht auf die Gefühle anderer zu nehmen, hält man sie unter Umständen für weniger selbstsicher und kompetent, als sie tatsächlich sind.« (Seite 21)

Nach den Ausführungen von Deborah Tannen gleichen sich geschlechtsspezifische Gesprächsstile und interkulturelle Kommunikation: Frauen und Männer reden meistens in »verschiedenen Sprachen«, gekennzeichnet durch Variationen in Sprechtempo, Lautstärke, Tonfall, Nachdruck, Wortwahl und Körpersprache. Das Wechselspiel, wenn sich beide Gesprächspartner nach ihren jeweiligen unterschiedlichen Sprachregeln, -stilen und -ritualen verhalten und maßlos missverstehen, ergibt eine erstaunliche Verstrickung.

Sie: Du Schatz, können wir bitte darüber reden, wie wir nach Dresden fahren. Ich mache mir Sorgen um Tante Lily.
Er: Da gibt es nur drei Möglichkeiten: Entweder wir fahren mit dem Bus, der Bahn oder wir mieten ein Auto. Ich habe mich sehr bemüht, unser Auto zu reparieren, aber es hat keinen Sinn mehr.
Sie: Ja, ich danke dir, aber wenn wir mit dem Bus oder der Bahn fahren, dann können wir Tante Lily nicht abholen, und sie hat schließlich auf uns gezählt.
Er: Ich verstehe deine Nörgelei nicht. – Was hat Tante Lily bisher noch ausgerichtet, außer Probleme zu bereiten? Ich bin so unter Druck auf der Arbeit und kann dieses Gelaber nicht mehr vertragen.
Sie: Ich dachte nur, dass wir eventuell einen anderen Weg finden können. Jetzt bin ich verblüfft. –
Er: Mit deinem Fahrrad …?

Das klingt bekannt – oder nicht? Mag sein, dass sich nicht alle Männer und alle Frauen so verhalten. Dennoch gibt es prägnante Strömungen und Tendenzen im Redestil des jeweiligen Geschlechts. In den 80er-Jahren beschrieb Senta Trömel-Plötz die Eigenschaften von Frauen in Interaktionen und deren Kompetenzen in Konversationen. Sie stellte dabei folgende Eigenschaften fest: Kreativität, Gleichheit der Rederechte, Symmetrie, gegenseitige Unterstützung und Empathie. Die Merkmale der männlichen Sprachstile dagegen können wir folgendermaßen zusammenfassen: Direktheit, Hierarchie, Asymmetrie, Ungleichheit der Rederechte.

Wir können also als typische Eigenschaften weiblicher und männlicher Sprachstile festhalten:

weiblich: kooperativ, fördernd, altruistisch zugewandt;
männlich: kompetitiv, kontrovers und eher verbal aggressiv.

Aus einer männlichen Perspektive ist es die größte Herausforderung für die Frau, einen Mann richtig zu interpretieren und zu unterstützen, wenn er *nicht* spricht. Das Schweigen der Männer wird leicht verkannt. Ein Mann hat es andererseits schwer: eine Frau richtig zu verstehen und zu unterstützen, wenn sie ihre Gefühle preisgeben will. Zusätzlich unterscheidet sich das Denken und Verarbeiten von Informationen:

»Frauen denken laut nach, teilen ihren inneren Entdeckungsprozess dem interessierten Zuhörer mit. Auch heute noch geschieht es häufig, daß eine Frau, wenn sie beginnt zu sprechen, noch gar nicht recht weiß, welche Meinung sie vertreten wird. Erst im Lauf ihrer Rede findet sie heraus, was sie sagen will. Das Ausdrücken von Gedanken in freier Assoziation gibt Frauen den Zugang zu ihrer Intuition. Es ist etwas völlig Normales und manchmal unerläßlich.« Bevor Männer sprechen, »... grübeln sie im Stillen über alles nach, was sie gehört oder erfahren haben. Allein für sich im Stillen versuchen sie die zutreffendste oder nützlichste Reaktion herauszufinden. Zuerst formulieren sie ihre Antwort innerlich vor, dann drücken sie sie aus. Dieser Prozeß kann einige Minuten, aber auch Jahre dauern.« (Gray 1998, Seite 96)

Interaktionsmuster und Tendenzen in Diskussionen	
Männer	**Frauen**
Männer betonen im Gespräch Status und Wettstreit, heben die eigene Leistung hervor.	Frauen betonen im Gespräch affiliative Interessen, stellen persönliche Verbindungen her, bauen Rapport auf.
Fokussierung auf Hierarchien, vertikale Kontrolle, Ergebnisse.	Fokussierung auf Netzwerke, horizontale Verbindungen, Prozesse.
Im Extremfall: Anwendung von verbaler Einschüchterung, Zwang und Gewalt.	Im Extremfall: Anwendung von verbalen Übereinkommen, Verhandlung, gewaltfreiem Protest.
Neigung zu Gesprächsritualen wie Scherzen, Hänseleien, spielerische Herabsetzungen. Eher Vermeidung von Unterlegenheit.	Neigung zu Gesprächsritualen wie Bewahrung des Anscheins der Gleichheit und Berücksichtigung der Auswirkung des Gesagten. Eher Herunterspielen der eigenen Autorität.

An Mars:	**An Venus:**
Zufluchtsort: Nachdenkliches Schweigen, sich allein den Kopf zerbrechen.	Zufluchtsort: Aussprache, freie Assoziationen und Einzelheiten mitteilen, laut denken.
Mögliche Fehlinterpretation: Er ist rätselhaft, verklemmt, rücksichtslos und total egoistisch.	Mögliche Fehlinterpretation: Sie klagt, sie ist außer sich, sie drängelt und attackiert wahllos.
Angst vor dem Versagen.	Angst vor Ablehnung.
Analogie: Männer sind wie Gummibänder – sie pendeln zwischen Nähe und Autonomie.	Analogie: Frauen sind wie Wellen – sie verspüren stark ihre Höhenflüge und existentiellen Talsohlen.
Selbstdefinition: Durch Erfolg und die Fähigkeit, etwas Greifbares hervorzubringen.	Selbstdefinition: Durch Gefühle und die Qualität der Beziehungen.

Was können Mediatoren mit diesen Informationen anfangen?

Zunächst ist es nach der Metapher von Gray (1998) keine Überraschung, dass die Marsmänner und Venusfrauen verschiedene Sprachen haben. Kommt es also zum Konflikt, fangen sie nicht gleich an, aufeinander einzuschimpfen und den anderen zu verurteilen, sondern holen erst einmal Luft und ihren Sprachführer heraus, um sich besser verständigen zu können. Wenn das nichts nutzt, nehmen sie sich einen Dolmetscher zu Hilfe.

Wenn sich Mediatoren solcher Unterschiede bewusst sind, können sie die Tatsache, dass es verschiedene Stile und Metamitteilungen gibt, allmählich wertfrei im Gespräch ansprechen. Sie können den Blickwinkel aller Beteiligten durch geschickte Beobachtungen erweitern. Die Metakommunikation ist an sich wie eine eigene Sprache. In der Praxis bedeutet sie: »Kommunikation über die Kommunikation«. Es ist die Fähigkeit, einen Schritt zurückzugehen und Abstand zu gewinnen, um im Gespräch die verschiedenen Ebenen der Kommunikation zu erfassen: Was gesagt wird und wie es gesagt wird. Unter anderem kann so Männern geholfen werden, die gefühlsbetonten oder indirekten Aussagen der Frauen anzunehmen, ohne sie abzuwerten. Frauen kann geholfen werden, der distanzierteren oder sachbetonten Darlegung der Männer zuzuhören, ohne sie ebenfalls gleich abzuwerten.

Darüber hinaus können Mediatoren die Betroffenen darauf aufmerksam machen, dass es unterschiedliche Stile gibt – und dies nicht nur eine Frage von »Manieren« ist. Männer müssen manchmal hören, dass Unterbrechungen und ungehemmtes Widerreden eine behindernde Wirkung haben. Die wenigsten Frauen sind es von ihrer Sozialisation her gewohnt, sich in einem Wortgefecht mit Männern zu behaupten. Sie neigen dazu, sich in Frust oder Ohnmacht zurückzuziehen bzw. sich einschüchtern zu lassen.

Insofern ist es wichtig, dass der Mediator einerseits den Frauen einen fairen Anteil an Redezeit und Redebeiträgen verschafft. Andererseits brauchen Männer Hilfen, damit sie die Qualität und den Wert des Frauengesprächstils erkennen und respektieren können. Und sie müssen verstehen lernen, dass Stillschweigen bei Frauen als gewaltfreie Reaktion statt als Kapitulation oder Manipulation aufzufassen ist. Frauen wiederum müssen wissen, dass der Rückzug der Männer nicht automatisch unbeteiligtes Desinteresse signalisiert, und dass Männer schneller zu konkreten und pragmatischen Problemlösungen kommen wollen, während sie selbst noch Gehör für ihre Empfindungen und Verletzungen suchen.

V Verstrickungen in Konfliktfälle und Vokabeln für Gefühle

Verstrickungen in Konfliktfälle

Streitende haben in der Regel unterschiedliche Vorstellungen, die sie für »die Realität« halten. Was für die eine Person Ursache ist, kann der anderen als Wirkung erscheinen. Daher kann es vorkommen, dass beide Konfliktparteien die Probleme ganz unterschiedlich sehen und auch darstellen. Beide Parteien knüpfen da an den Konflikt an, wo es »bei ihnen brennt«. Friedrich Glasl (1990) bezeichnet das als eine Verstrickung im Konflikt.

Ein Beispiel zur Verdeutlichung:

> Es gibt eine lautstarke Auseinandersetzung zwischen zwei Mitarbeitern am Arbeitsplatz: beide sind Kollegen. Ein Kollege meint, dass der andere seinen Kompetenzbereich überschritten hat und zum Teil seine Aufgaben übernommen hat. Er ist zutiefst gekränkt, fühlt sich bevormundet und sabotiert die notwendige Zusammenarbeit. Der andere Kollege ist neu und hat nach seiner Auffassung ausdrücklich die Aufgaben erfüllt, die an ihn gestellt wurden. Er findet das Verhalten des Kollegen unangemessen und will die vermeintliche Sachlage klären.

> Der Chef der beiden Mitarbeiter hat den ausdrücklichen Wunsch, zwischen ihnen zu vermitteln. Bei der Problem- bzw. Konfliktdefinition sagt der »altgediente« Mitarbeiter, dass der neue Kollege in einer unverschämten Art und Weise ohne Rücksprache mit ihm seine Aufgabenbereiche mit übernimmt. Seine Kränkung steht für ihn im Vordergrund, obwohl er nie zugeben würde, dass seine Gefühle eine so starke Rolle spielen. Der neue Mitarbeiter will jedoch darüber reden, wie er vom Chef die Aufgabenbereiche übertragen bekommen hat. Er will dieses Streitszenario auf der Sachebene angehen.

> Der Chef ist aber konfliktscheu und befürchtet einen Aufstand seitens des älteren Mitarbeiters, wenn er darauf eingeht, dass er eigentlich neue Strukturen im Betrieb einführen möchte. Deswegen lautet seine Strategie: Gleich zur Konfliktlösungsebene zu springen, um eventuell eine weitere unangenehme Reiberei zu vermeiden. In diesem Fall haben wir schließlich eine Verstrickung auf vier Ebenen:

❖ Der neue Kollege will auf die ursprünglichen »sachlichen Gegensätze« einge-
hen und in dem neuen Umfeld nicht unbedingt sein Gemütsleben preisgeben.

❖ Der ältere Kollege will unbedingt mit den kränkenden »persönlichen Gegen-
sätzen« beginnen.

❖ Der Chef dagegen möchte mit ihren unterschiedlichen Wahrnehmungen anfangen, also den »Konflikt über den Konflikt« übergehen. Seine Handlungs-
weise: Er thematisiert gleich den »Konflikt über die Konfliktbearbeitung«.

Sachliche Gegensätze	= Inhaltsdifferenzen: Der Konfliktgegenstand liegt zwischen uns
Persönliche Gegensätze	= Persönliche Differenzen: Ihr Verhalten ist das Hauptproblem
Konflikt über den Konflikt	= Konflikt um den Konfliktgegenstand: Worüber streiten wir uns?
Konflikt über die Konfliktbearbeitung	= Konflikt um die Konfliktbearbeitung: Was ist ein angemessener Umgang?

Die Kunst der Mediation befasst sich nun damit, wie wir Konfliktparteien auf einen gemeinsamen Nenner bringen können. Wenn wir uns
in der Position dieses Chefs befinden, dann sind wir höchstwahrscheinlich nicht für eine Vermittlungsrolle geeignet, da wir heimlich versuchen, das Gespräch so zu lenken, dass der Konflikt nicht vollständig
aufgearbeitet wird. Dabei ist es mit einfachen Werkzeugen und Strategien – beispielsweise bündige Zusammenfassungen mit anschließen-
den offenen Fragestellungen usw. – in den meisten Fällen möglich,
beide Parteien dazu zu bringen, auf die selbe Ebene eines Konflikts
zu kommen.

Zurück zu unserem Beispiel:

Als Mediator könnte ich einsteigen, indem ich die Sichtweisen beider Konflikt-
parteien wiederhole und durch eine Kombination von Metakommunikation
(Kommunikation über die Kommunikation) und einer offenen Fragestellung er-
helle, dass die Beteiligten den Konflikt auf verschiedenen Ebenen ansprechen.
Zum Beispiel: »Ich entnehme aus beiden Schilderungen, dass ... Aus meiner
Sichtweise sind Sie auf verschiedenen Konfliktebenen.« Danach könnte jede

Person gefragt werden: »Worum geht es Ihnen in erster Linie?« (sachlich und persönlich). Hier muss der Mediator stets hellwach bleiben und das Wichtigste immer wieder spiegeln, bis die Parteien dahin kommen, dass sie »ihre Sache« und »die persönlichen Empfindungen« mitgeteilt haben.

Vokabeln für Gefühle

Wissen Sie selbst, wie viele Vokabeln für Gefühle Ihnen zur Verfügung stehen? Lassen Sie sich auf die folgende Übung ein:

Übung

Nehmen Sie sich ein paar Minuten, um zu überlegen: Welches Gefühl bzw. welche Zustandsbeschreibung kenne ich? Notieren Sie sich Ihre Ideen:

✎ _____

_____

_____

_____

_____

_____

_____

_____

Als Hilfe können Sie anschließend die Übersicht auf der nächsten Seite zum Vergleich heranziehen.

Gibt es andere Gefühle, die Sie oft spüren? Wenn Sie Ihre eigene Gefühlswelt kennen, wird es umso leichter, als Mediator zu fungieren. Sie können dann eher Gefühle erkennen, sich in eine andere Lage hineinversetzen und in einer authentischen Art und Weise Menschen befähigen, Ihre Gefühle angemessen zum Ausdruck zu bringen.

optimistisch zornig aufgedreht

verliebt entsetzt pessim stisch

ängstlich traurig müde

schüchtern gelangweilt neugierig

W Wichtige Wendepunkte und Wutmanagement

Wichtige Wendepunkte

Die Momente, in denen es »klick« im Gehirn macht, die »Birne leuchtet« und die Streitenden merken, dass »etwas passiert ist«, sind wichtige Wendepunkte. Ihr heißblütiges Gefecht ist entschärft und entwirrt: Manche Zankenden spüren wie sich die Anspannung entkrampft. Einige Leute haben das Geschehen als »Aha«-Erlebnis benannt, indem sie sich bewusst wurden: »Jetzt haben wir doch eine andere konstruktivere Ebene miteinander gefunden.« Nicht selten können sie nicht sofort nachvollziehen »warum« – es ist eben passiert und sie sind verblüfft. Eine andere Bezeichnung dafür ist »Knackpunkte« – genau diese entscheidenden Punkte im Gespräch, an denen man merkt, dass jetzt etwas in Bewegung gekommen ist. Was ist dieses »etwas«? Im Grunde genommen ist es der Zeitpunkt, an dem die »vier A's« und die B's zur Geltung kommen, nämlich wenn sich die Konfliktparteien mit Herz, Seele und Kopf engagieren können.

Übung

Wann war es das letzte Mal, dass Sie Ihre Meinung während oder nach einer Diskussion geändert haben? Denken Sie darüber nach. Notieren Sie sich bitte dazu Ihre Gedanken. Nehmen Sie sich genügend Zeit für diese Übung.

Welche Situation fällt Ihnen ein?

✎ _____

_____

_____

Welche Voraussetzungen haben Sie dazu ermutigt?

✎ _____

_____

_____

Hat eine Person etwas Bestimmtes gesagt, gezeigt oder getan, dass Sie Ihre Meinung ändern konnten, ohne Ihr Gesicht zu verlieren?

✎ _____

_____

_____

Hat diese Person darauf beharrt, dass Sie sich auf dem »Holzweg« befänden, und unverzüglich Ihre Meinung ändern müssten? Oder hat diese Person eine andere Taktik ausgeübt?

✎ _____

_____

_____

Was fällt Ihnen schließlich spontan ein, was sich hinter einer Äußerung verbirgt? Was wurde vermittelt – und wie, so dass Sie unter einem gewissen Umstand bereit waren, Ihre Meinung zu überprüfen und zu ändern?

✎ _____

_____

_____

Welcher Satz oder welche Spiegelung den Wendepunkt auslösen kann, ist zwar von Fall zu Fall unterschiedlich, aber es lassen sich Hauptkategorien aufstellen. In einer Mediation, in der beispielsweise Feindseligkeit und Empörung die Situation beherrscht, kann der Mediator einen Wendepunkt vorbereiten, indem er vorschlägt, getrennte Sitzungen abzuhalten.

Siehe E – Einzelgespräche

In einer Mediation, die Menschen mit unterschiedlichen Werthaltungen oder kulturellen Sitten einschließt, kann eine Frage in der dritten »Definieren- und Diskutieren-Phase« oder in der fünften »Ideengewitter-Phase« wie »Was brauchen oder benötigen Sie?« ein Zeichen setzen, dass es wirklich darum geht, die Bedürfnisse und Wünsche aller Parteien auf den Tisch zu bringen. Die jeweiligen Antworten müssen natürlich von einem Mediator sorgfältig gespiegelt oder zusammengefasst werden. Gegebenenfalls wird nachgefragt, wenn etwas unklar ist.

Wenn eine Streitpartei Entgegenkommen zeigt bzw. wenn dies aus ihrer Aussage entnommen werden kann, kann dies ebenso als Verständigungsangebot wirken. Plötzlich merkt der andere: »Ach, er versteht mich – zumindest ein bißchen.« Der Mediator kann diesen Wendepunkt verstärken, indem er die schrittweise Annäherung in seiner Zusammenfassung hervorhebt und versucht, einen Verständnisaustausch in Gang zu bringen. Wenn beide Parteien Verständnis füreinander zeigen, wächst gleichzeitig das Vertrauen, die Toleranz für andere Sichtweisen und die Zuversicht auf ein Ergebnis, dem beide zustimmen können. Es kann wie ein Wunder wirken, wie Zankende auf einmal einen Draht zueinander finden. Für diejenigen, die für zwischenmenschliche Energie empfänglich sind, ist solch ein Augenblick deutlich wie Wellen zu spüren.

Unter langjährigen Bekannten, deren Freundschaft im Privat- oder Berufsleben zur Feindschaft mutierte, kann eine Äußerung aus der Tiefe eines Eisbergs zur schmerzhaft erlebten Verletzung führen und so ein Tor zur Konfliktbearbeitung öffnen. Wenn sich die Verfeindeten von einem Mediator angenommen und bestätigt fühlen, kann womöglich der eine oder der andere auf die Feindseligkeiten verzichten und sich trauen, traumatische Empfindungen und schwerwiegendes Bereuen mitzuteilen. Für einen Mediator sind diese Momente wie Schätze und müssen mit Feingefühl gespiegelt werden. Das Gegenüber ist dabei zu unterstützen, sich ebenso auf diese Ebene zu begeben: entweder eine versöhnliche Entgegnung oder eine Art Entschuldigung zu formulieren.

Das authentische Loben des Mediators – sowohl am Anfang für die Bereitschaft zur Mitwirkung und zum Mitmachen als auch zum Schluss bei der Suche nach möglichen Lösungen oder Vereinbarungen – kann Berge versetzen. Die Betroffenen merken, dass sie wirklich etwas leisten und ihre harte Arbeit geachtet wird. Wenn Menschen sich bemühen, ihre emotionale Intelligenz einzusetzen bzw. sogar weiterzuentwickeln, zeigt dies eine außergewöhnliche Reife, Bereitwilligkeit und Fleiß – genauso wie wenn sich Menschen mit anderen Arten von Intelligenz durch gute Noten bei einer Prüfung beweisen.

Der Umgang mit Widerständen kann ebenfalls entscheidend sein und entweder zur völligen Blockade oder zu einem Wendepunkt innerhalb einer Mediation führen. Störungen haben immer Vorrang, das stellte schon Ruth Cohn fest in der von ihr entwickelten »Themenzentrierten Interaktion«. Sonst erschweren sie den Prozess und das Wachstum. Das heißt, dass Bedenken oder Zweifel durch aktives Zuhören immer ernst genommen werden müssen, statt weggeschoben oder verharmlost zu werden. Wenn ein Mensch beispielsweise merkt, dass seine Skepsis tatsächlich Beachtung findet, kann dies dazu führen, dass er sich danach auf den Mediationsprozess einlassen kann und will.

Kurz gesagt: Als Mediatoren sind wir auf der Suche nach allen Wendepunkten und Knackpunkten – die ausschlaggebenden Momente, in denen »der Sachverhalt« und »die vorhandenen Emotionen« in Einklang kommen können. Empathisches Handeln und Denken werden in Erwägung gezogen: Die Streitenden nähern sich und schenken einander wohltuende Nachsicht und gegenseitige Achtsamkeit – das Wechselspiel eines Verständigungsprozesses beginnt.

Wutmanagement

Wutmanagement bedeutet, wie Menschen ihre Wut, ihren Ärger und ihren Zorn handhaben können. Es gibt ein großes Spektrum von Möglichkeiten, obwohl sich Menschen häufig auf ein einziges Muster beschränken. Inwiefern wir wütend werden und bleiben, hängt wie bei unseren Wahrnehmungsprozessen nicht nur von unserer Sozialisation, kulturellen Vorbildern und Regeln ab, sondern hängt auch mit unserer individuellen physischen Disposition zusammen. Das heißt, manche Menschen haben eher die Prägung, schneller »auszurasten« als andere. Diese können aber durchaus lernen, die Heftigkeit zu zügeln, wenn sie ihnen bewusst wird.

Zum konstruktiven Wutmanagement gehört eine grundlegende Reflexion über sich selbst. Als gelegentlich Betroffener im Konfliktfall und vor allem als Mediator ist es ein großer Vorteil, darüber nachgedacht zu haben, was mich selbst reizt, »auf die Palme bringt« und »maßgeblich nervt«.

Übung

Bitte nehmen Sie sich 20 bis 30 Minuten Zeit für diese zweiteilige Übung. Beantworten Sie die folgenden Fragen spontan und so schnell wie es geht:

Was muss ein anderer tun, damit ich in die Luft gehe?

✎ _____

_____

_____

Was bringt mich aus der Fassung?

✎ _____

_____

_____

Welche Situation mit anderen vermeide ich am liebsten?

✎ _____

_____

_____

Was ist mir peinlich?

✎ _____

_____

_____

Womit kann man mir schmeicheln?

✐ _____

_____

_____

Was ist das Schlimmste, was mir passieren kann?

✐ _____

_____

_____

Ihre Antworten zeigen Ihnen Ihre so genannten »Kröpfe«, auf die man »drücken« kann, um Sie in Wut zu bringen.

Jetzt überlegen Sie sich Folgendes: Stellen Sie sich eine konkrete Situation vor, denken Sie an das letzte Mal, als Sie sehr wütend, zornig oder total verärgert wurden.

Wenn Sie so weit sind und sich diese Situation vor Augen geführt haben, dann überlegen Sie sich, wie Sie in dieser Situation reagiert haben?

✐ _____

_____

_____

Was haben Sie gedacht, gefühlt und getan?

✐ _____

_____

_____

Was war der Auslöser? Stimmt dies mit Ihren »Knöpfen« überein, die Sie im ersten Teil der Übung herausgefunden haben?

✎ _____

_____

_____

Gibt es Muster von »Überlebensstrategien« oder Handlungen, denen Sie sich im Falle des Zorns oder der Wut unterziehen?

✎ _____

_____

_____

Wir haben alle unterschiedliche Lektionen in unserer Kindheit und von unserer Umwelt gelernt, wie man mit Wut – Ärgernissen – Zorn umgehen »soll«. Viele von uns haben sogar verschiedene Repertoires vorgelebt bekommen: Beispielsweise wirft ein Elternteil bei Wutanfällen Objekte durch das Zimmer, währenddessen der andere Partner sich verzieht und stillschweigend vor sich hin schmollt.

Es gibt individuelle Muster sowie kulturbedingte Regeln und Sanktionen zum Ausdruck von Wut und Zorn. Wir können nicht automatisch wissen, was andere Menschen gelernt haben oder was sie für »richtig« oder »falsch« halten. Was wir tun können, ist, unser Bewusstsein zu schärfen, wie wir selbst mit verschiedenen Situationen umgehen, und in der Rolle eines Mediators feinfühlig den Konfliktparteien bei der Erkundung ihrer Wut und ihres Zorns beizustehen.

Bestandteile der folgenden Übung können für Mediatoren sehr hilfreich sein, wenn es darum geht, der Wut auf die Spur zu kommen und herauszufinden, worum es im Konflikt eigentlich geht.

Übung: Was steckt hinter der Wut?

Denken Sie jetzt bitte an eine Situation, in der Sie sehr wütend wurden. Versuchen Sie, sich zurückzuversetzen und sich daran zu erinnern, was passiert ist – Schritt für Schritt.

Welche Verletzung oder Enttäuschung habe ich erlitten, bevor ich so wütend geworden bin?

✎ _____

_____

_____

Was habe ich gebraucht in dieser Situation?

✎ _____

_____

_____

Was ist demzufolge nicht passiert? Welche meiner Bedürfnisse wurde nicht erfüllt?

✎ _____

_____

_____

Vergleiche auch Macbeth/Fire 1994

Gab es dabei auch Ängste oder Panik, die ich erlebt habe?

✎ _____

_____

_____

Was wollte ich eigentlich? Welche Forderungen verbargen sich damals hinter meiner Wut?

✎ _____

_____

_____

Wenn ich wieder so eine Situation erlebe, weiß ich jetzt, dass ich …

✎ _____

_____

_____

In der Mediation muss Platz für den Ausdruck von Wut, Ärger und Zorn vorhanden sein. Wenn wir als Mediatoren diesen »Zyklus« der Wut selbst kennen (auch das Gefühl, fuchsteufelswild zu sein), können wir viel leichter heraushören, was bei den Konfliktparteien in Gang gesetzt wurde. Unsere Aufgabe ist, alle Betroffenen in die Lage zu versetzen, hinter ihre Wut zu schauen und zu entdecken, was sie erlebt haben und welche Forderungen sie stellen wollen. Deeskalation ist notwendig, um unkontrollierte Wutausbrüche zu unterbinden. Ein gesetzloser »Wutrausch« kann sehr viel kaputtmachen. »Chronische Streithammel« finden durchaus Sicherheit in ihren gewohnten Mustern. Gerade sie brauchen Unterstützung, um beispielsweise hemmungslose Schimpftiraden abzustellen.

Wut ist eine verführerische negative Emotion. Nach Goleman ist sie von den Emotionen am schwierigsten unter Kontrolle zu bringen. Es gibt Menschen, bei denen Ärger und Wut regelrecht Amok laufen. Sie können sich nicht in ihrer selbstgerechten Aggression beherrschen. »Von allen Stimmungen, denen Menschen zu entrinnen trachten, scheint die Wut am unnachgiebigsten zu sein.« (Goleman 1995, Seite 83)

Nach Gordon schaffen wir ein Gefühl der Wut im Anschluss an ein Grundgefühl: »Ich bin inzwischen davon überzeugt, dass Wut etwas ist, was wir nach einem anderen Gefühl erzeugen.« (Gordon 1994, Seite 176)

Lassen Sie sich diese Aussage durch folgendes Beispiel verdeutlichen:

Ich gehe mit meiner Freundin spazieren. Aus heiterem Himmel kommen wir ins Gespräch über unsere Pläne für einen baldigen Feiertag. Ich sage ihr, dass es mir Leid tut, dass ich ihrer Einladung nicht nachkommen kann. Denn ausgerechnet an diesem Tag leite ich eine Weiterbildungsveranstaltung. Sie läuft weg – und scheint stocksauer auf mich zu sein. Zuerst bin ich überrascht, sprachlos und dann enttäuscht: Ich habe mich auf den Nachmittag mit ihr gefreut und nun läuft sie einfach weg, nur weil ich ihr mitteilte, dass es schade sei, ihre Einladung nicht annehmen zu können.
In diesem Augenblick ist die Wutspirale in Gang gesetzt und die Wut – das sekundäre Gefühl oder Nachfolgegefühl – brodelt und steigt in mir auf: Mein Gesicht wird heiß und mein Puls beschleunigt sich. Das Grundgefühl war zunächst Enttäuschung und nun kommt die Wut auf.

Wie schon bei der Deeskalation klar wurde, gibt es verschiedene Stadien der Wut oder des Zorns. Wir haben alle einen gewissen »neuralen Stolperdraht«, indem verschiedene Teile unseres Gehirns entweder Reaktionen bremsen oder vorantreiben. Außerdem kommt es zu einer Ausschüttung von Hormonen zur Notwehr, je nach unserer gegenwärtigen körperlichen Konstitution und Stärke der Reize.

In der Wutmanagement-Schulung wird immer zuerst die Situation entschärft, bevor der nächste Schritt in Frage kommt. Der Adrenalinspiegel muss gesenkt werden und es ist ausschlaggebend, den »Kampf-oder-Flucht«-Körpermodus zu verlassen. Die kreisenden Gedanken und mögliche Gemütsaufwallung sowie die Gefühlsüberflutung müssen gedämpft werden: Der Motor der Wut muss in einen »Bearbeitungsmodus« geschaltet werden. Ein Wutanfall ist wie ein neuraler Überfall – eine Entgleisung im Gehirn – wobei eine Schwelle übertreten wird, hinter der sich die Menschen nicht unter Kontrolle bringen können.

Die Alltags-Entladungshypothese »Einfach alles rauslassen« ist eine schlechte Methode, um sich abzukühlen. Durch die Wissenschaft ist diese These auch als untauglich abgewiesen worden. Wenn Menschen ihrem Zorn freien Lauf lassen, werden sie umso wütender, erregter und provozierender: Das Gehirn wird noch weiter stimuliert, die Gefühle geraten durcheinander und der Wutzustand verlängert sich. Fazit: Die »Katharsis« – wie dieser Zustand im Fachjargon genannt wird – ist kein wirksames Mittel zum Aggressionsabbau. Nur im Ausnahmefall kann ein direkter Wutausbruch gegen die Zielscheibe der Wut etwas Konstruktives bewirken. Wut ist nur dann sinnvoll, wenn sie die Kontrolle wiederherstellt oder eine Ungerechtigkeit behebt, ohne Vergeltung zu üben.

Goleman (1995) fasst kurz zusammen:

> »Wutausbrüche treiben die Erregung des emotionalen Gehirns zumeist in die Höhe, so daß man sich hinterher noch zorniger fühlt – und nicht weniger zornig. Wird die Wut an demjenigen, der sie provoziert hat, ausgelassen, so wird die Stimmung dadurch im Endeffekt nicht beendet, sondern verlängert. Sehr viel wirksamer ist es, wenn man sich zunächst einmal abkühlt und sich dann konstruktiver oder selbstsicherer dem anderen stellt, um den Streit beizulegen. Chogyam Trungpa, ein tibetanischer Lehrer, wurde einmal gefragt, wie man am besten mit Zorn umgeht, und er antwortete: ›Unterdrücke ihn nicht. Aber gib ihm nicht nach.‹« (Seite 90)

Infolgedessen ist eine Abkühlung stets empfehlenswert. Zum allgemeinen Stressabbau und Abbau eines erhöhten Adrenalinspiegels gehören Bewegung und Entspannungstechniken, wie beispielsweise Laufen, Turnen, Spazierengehen, Atmungstechniken und Muskelstretching. Dies hilft, den Erregungszustand des Zorns herunterzuschrauben und unterbricht die Kette der wirren Gedanken. Drei weitere Strategien sind wichtig, um Wut zu zerstreuen und zu handhaben:

1 Neue Perspektiven und besänftigende Informationen, welche die Grundlage der Wutspirale oder des Zornzyklus in Frage stellen, miteinbeziehen: je früher desto besser.
2 Distanz zu dem Wutauslöser einnehmen.
3 Das Nachgrübeln abstellen, indem man seine Gedanken mit etwas anderem beschäftigt. Zum Beispiel bieten sich an: Kinobesuch, Fernsehen oder ein Buch lesen.

In der Mediation ergibt sich daraus die Konsequenz, dass es notwendig ist, Zorn und Wut so früh wie möglich zu erkennen, um so die Betroffenen dabei zu unterstützen, ihre Grundgefühle – wie Angst oder Enttäuschung – zu identifizieren und die daraus entstandene Verletzung und Forderung zu formulieren und mitzuteilen. Je nach Situation kann es angebracht sein, zusätzliche Informationen zur Besänftigung der Wut hervorzuheben, damit ein Zerwürfnis nicht weiter aus zwischenmenschlichen Fehlschlüssen gespeist wird. Zudem können Auszeiten oder eine Abkühlungsphase bewusst eingesetzt werden.

Übung

Schreiben Sie nun Ihre Hobbies auf, ebenso alle Aktivitäten, die Sie genießen:

✎ _____

_____

_____

_____

_____

_____

_____

_____

_____

Nehmen Sie sich nun folgendes vor: Das nächste Mal, wenn ich mich in einer Wutspirale gefangen fühle, versuche ich, mich abzuregen, in dem ich mich einem meiner Hobbies widme. Notieren Sie sich konkrete Ideen:

✎ _____

_____

_____

_____

_____

_____

_____

_____

_____

X »X-Mal« gefragt – und trotzdem – nicht »x-beliebig«

In meinen Trainingseminaren, Supervisionen und Beratungen taucht immer wieder eine ganze Reihe von Fragestellungen auf. Diese x-mal gestellten Fragen werde ich Ihnen nun gebündelt beantworten:

Wie wird man Mediator?
Ich empfehle niemandem, »Mediation« als einen Standardberuf oder möglichen Berufsweg nach dem Abitur zu betrachten. Mediation ist eine Zusatzausbildung und daher als Weiterqualifikation zu verstehen. Die meisten Mediationszentren in den USA sind nach wie vor auf ehrenamtliche Mitarbeiter angewiesen und die meisten Mediatoren praktizieren im Rahmen ihrer Anstellung in einer Schule, Organisation oder Firma. In Deutschland ist es ähnlich: Berater, Manager, Psychologen und Rechtsanwälte integrieren Mediation in ihrem Tätigkeitsbereich. Es gibt mittlerweile viele private Anbieter und Institute. Jeder Interessierte sollte sorgfältig im Hinblick auf Kosten und Qualität einer Mediatorenausbildung recherchieren.

Wann löst der Mediator den Konflikt – wird die Konfliktlösung nicht doch delegiert?
Mediatoren lösen den Konflikt nicht – sie vermitteln. Die Verantwortung für eine Übereinkunft muss von den Streitparteien getragen werden, sonst besteht die Gefahr, dass die Lösung nicht tatsächlich akzeptiert wird. Wie ich bereits deutlich gemacht habe, fungieren Mediatoren nicht als Kontrollinstanzen oder Richter; sie erteilen keinen Schiedspruch.

Wenn eine Lösungsfindung an den Mediator delegiert werden soll, handelt es sich nicht um Mediation. Natürlich ist dies in einem Prozess der Konflikttransformation eine Gratwanderung und es lässt sich schwerlich genau sagen, wo die Grenze zwischen Einmischen und reiner Vermittlung ist. Mediatoren leisten Beistand und können vieles durch aktives Zuhören steuern. Sie sind aber nicht Verhandler in dem Sinne, dass sie für die Parteien entscheiden – sie arbeiten mit ihnen.

Wie bekomme ich die Gruppenführung in den Griff?
Es gibt viele Arten von »Gruppenführung«. Mediation ist eine Methode zur Konfliktbearbeitung. Unter Mediatoren ist die so genannte »Gruppenmediation« umstritten. Manche behaupten, dass dies nicht mehr eine übliche Mediation ist, wenn wir mehr als zwei Hauptparteien haben. Sie sprechen dann eher von einer Gruppenmoderation, Supervision oder einer Variation davon. Je nach dem, welche Zielsetzung man mit einer Gruppe verfolgt: Die Lösung eines Konflikts, das Äußern von Gefühlen und Sachverhalten oder die Anregung zu einer fachlichen Auseinandersetzung wird auch als Messlatte zitiert, wie man das Mediationsverfahren exakt von anderen Methoden unterscheidet.

Für Anfänger ist es wichtig, die klassische Form der Mediation mit zwei Parteien durchzuführen und zu erproben. Erst wenn diese Form gemeistert wird, kann man sich mit komplexeren Fällen befassen.

Grundsätzlich gilt: Je mehr Leute involviert sind, desto komplexer können die Kommunikationsprozesse und -dynamik sein, da Gruppen verschiedene Verlaufsformen und Phasen bei ihrer Entstehung, Rollenbestimmung und Ablösung haben.

Was tue ich, wenn jemand gemobbt wird?
Mobbing ist eine verdeckte Art der Gewalt und wird deswegen häufig auch nicht offen behandelt. In der Regel läuft es in privaten Einzelgesprächen, Sanktionen und nur manchmal in Gruppengesprächen ab. An dieser Stelle soll nicht die Rede von Mobbing im Sinne eines »Schwerverbrechens« und körperlicher Schädigung (oder Verletzung) sein. In solchen Fällen kann man einen Täter-Opfer-Ausgleich abwägen, wenn das Opfer wieder gesund bzw. geheilt und dazu auch bereit ist.

Ich habe Mobbing auch im Laufe einiger Schulmediationen thematisiert. Vor allem in der »Definieren-und-Diskutieren«-Phase wurde es öfter angedeutet. Wenn ein Mediator das Thema »Mobbing« anspricht, ist es wichtig, sich nicht an den meist vorhandenen Tabus zu orientieren und sich »mundtot« machen zu lassen. In zahlreichen Begegnungen mit Lehrern und Schülern machte ich die Erfahrung, dass diese mir in aller Vertrautheit sagten: »Das hätte ich eigentlich vorher nicht sagen können.

Niemand redet direkt darüber, aber alle wissen, dass dies immer wieder passiert.«

Im Rahmen einer Mediation kann ein Mediator das Ausgesprochene klipp und klar und sachlich zusammenfassen, nachfragen und nachhaken, bis alle Beteiligten ihre Standpunkte erläutert haben.

Zur Verdeutlichung bringe ich wieder ein Beispiel aus einer Mediation:

> Zwei Mädchen zankten sich in einem fort. Eine von den beiden wurde daraufhin in zunehmendem Maße auch von den anderen Klassenkameraden ausgeschlossen, von diesen gehänselt und bedroht. Eine Mediation wurde vorgeschlagen, um eine Klärung zwischen diesem Opfer und der mutmaßlichen Missetäterin herbeizuführen. Mitten in der Mediation weinte das Opfer. Die Mediatorin nahm dies zum Anlass, festzustellen: »Ich entnehme deinen Tränen, dass du sehr traurig und verletzt bist. Wie alle anderen Menschen in so einer Situation hast du vielleicht auch ein bisschen Angst.« Danach fragte die Mediatorin die Täterin, ob sie nicht auch irgendwann einmal Angst verspürt hat. Doch das Mädchen sagte zunächst nichts. Die Mediatorin spiegelte dieses Schweigen und äußerte, dass sie wohl sprachlos sei, da sie nun vielleicht begreift, dass sie dem anderen Mädchen wirklich wehgetan hat. Das Mädchen schrie sofort auf: »Ja, aber ich bin nicht alleine. Es sind doch auch die anderen, die sind brutal und …«
>
> Durch wiederholtes Spiegeln und mit zahlreichen Nachfragen brachte die Mediatorin sehr viel des unteren Teils der Eisberge der beiden Mädchen zu Tage. Beide begannen die Sichtweise der anderen zu verstehen. Das »Täter-Mädchen« entschuldigte sich schließlich und machte Vorschläge, um das Mobbing zu beenden. Das »Opfer-Mädchen« wurde dadurch gestärkt und nannte ebenfalls Verhaltensvorschläge für die Zukunft.

Die »Geheimnisse« werden gelüftet und derjenige, der auf der Seite der Mobber steht, muss gefragt werden, wie es weiter laufen soll, ob er sich in der Lage sieht, dieses Mobbing zu durchbrechen. Die gehässige und geheimnistuerische Vernetzung zu anderen wird schonungslos offen gelegt. Die Person muss Stellung beziehen und die Verantwortung für ihren Anteil übernehmen. In der vorletzten, sechsten »Fertig-Phase« müssen die Lösungsschritte sehr konkret festgelegt werden, um sie in der Fortsetzung genau überprüfen zu können.

Es kann vorkommen, dass die Mediation nur ein Einstieg ist, mit der Problematik umzugehen. Das hängt ab von der Anzahl der Komplizen, von der Lage und der Stärke des Gemobbten, von der Dauer des Problems und der Intensität der Tat. In diesen Fällen ist das Arbeiten mit Metaphern meist sinnvoll.

Wie gelingt es mir, meine (persönlichen) Emotionen in den Griff zu bekommen?
Hier möchte ich auf die Kapitel E – Emotionale Intelligenz (siehe Seite 73ff.) und W – Wutmanagement (siehe Seite 172ff.) verweisen.

Siehe M – Metapher

Was ist der Unterschied zur Psychotherapie oder einer Supervisionsrunde?
Die Unterschiede können Sie nachlesen unter G – Grundannahmen des Mediationsverfahrens (siehe Seite 86).

Kann eine Konfliktlösung wirklich so schnell gehen? Ist diese Art der Konfliktbearbeitung nicht zu amerikanisch?
Ja und Nein, sie kann sehr schnell gehen. Nein, sie kann sehr langsam fortschreiten. Sie sehen, es gibt Unterschiede. Ich habe darüber geforscht, welche Konzepte aus den USA sich auf Deutschland übertragen lassen. Um es zusammenzufassen: Es gibt einen Reichtum von US-Erfahrungen, Konzeptentwürfen und Strategien, die meines Erachtens die Diskussion und Umsetzung in Deutschland und Europa bereichern. Ansonsten gilt für jeden Mediator, dass er seine Mediationspraktiken stets an die jeweiligen Konfliktsituationen, Mentalitäten und Horizonte der Menschen anpassen muss.

Ist Gewalt angeboren?
Die berühmte Anthropologin Margaret Mead stellte schon 1968 fest, dass Gewalteinsatz zur Problemlösung gelernt und nicht vererbt ist. Daher kann Gewalteinsatz ebenso wieder verlernt werden. Weitere Informationen können Sie nachlesen in den Kapiteln E – Emotionale Intelligenz (siehe Seite 73ff.) und W – Wutmanagement (siehe Seite 172ff.).

Wie kann man die Entwicklung einer »Konfliktkultur« in einem Unternehmen (bzw. in einer Schule, Klasse oder Organisation) positiv beeinflussen?
Eine »Konfliktkultur« kann man durch die Einführung und Fortsetzung von Trainings, Weiter- oder Fortbildungen in Mediation sowie Diskussionsrunden, Arbeitsgruppen, Foren usw. schaffen. Je größer der Personenkreis der Befürworter ist, desto besser ist es für eine »neue« Konfliktkultur, da der Einfluss dieser Personen immer größer wird.

Wie bekomme ich Unterstützung von meinen Mitarbeitern oder meinem Lehrerkollegium und wie motiviere ich andere Menschen, die Mediation anzuwenden?

Durch die »Vier A's und B's« erhält man einen Einstieg mit den Kollegen. Aber man braucht dazu viel Geduld und Zeit. Das aktive Zuhören spielt dabei eine große Rolle. Im Anfangsstadium setzt man sich erst einmal mit den Grundlagen der Mediation auseinander. Wenn erst ein »Modellprojekt« genehmigt wird, sprechen dann normalerweise die positiven Erfahrungen für sich und alles Weitere läuft von alleine.

Was mache ich, wenn der Gesprächsverlauf gestört wird?

Tritt eine Störung der Mediation ein, stellen Sie sich zwei Grundfragen: Wie und Warum? Versuchen Sie, die Konzentration aller Beteiligten einzuschätzen, und überlegen Sie sich, ob Sie versuchen wollen, durch offene Fragen, Spiegeln und »1-2-DD-Z-I-F-F«, die Störung zu beheben, oder ob Sie lieber durch eine Pause oder ein vereinbartes Abbrechen das Gespräch kurzzeitig vertagen.

Wo sind die Grenzen der Mediation?

Zu dieser Punkt können Sie nachlesen unter: F – Falleignung und G – Grenzen der Mediation (siehe Seite 83f. und 88f.).

Wie viel muss ich über die Konfliktparteien wissen, um effektiv als Mediator vermitteln zu können?

Es gibt dazu unterschiedliche Auffassungen. Es kommt auf die spezifische Situation, den Kontext und die Zielsetzung der Mediation an: Wollen Sie schnell eine Problemlösung erzielen oder eine kompliziertere Konfliktbearbeitung zwischen verhärteten Fronten in Gang setzen? Je mehr Sie über die Konfliktparteien erfahren, desto eingehender können Sie die Konfliktbearbeitung begleiten.

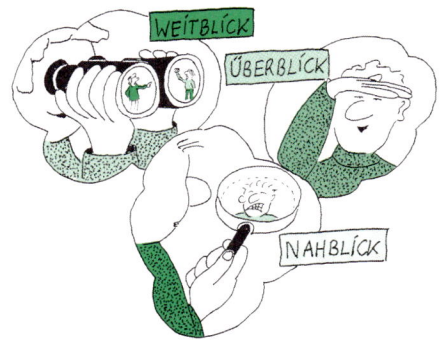

Y   »Yes-Haltung« und Yoga für Mediatoren

Die »Yes-Haltung«

Die Darstellung (auf Seite 42) mit den traurigen und lächelnden Gesichter zeigt, dass wir in einer Mediation einen Gewinn für alle Beteiligten anstreben.

»Gewinner-Gewinner«	☺ ☺

Mediatoren sind daher stets herausgefordert, ihre eigene Haltung und ihr Handeln zu überprüfen: Sie müssen durch Anerkennung und durch Anknüpfung an die Stärken der Betroffenen ermutigen, anstatt durch vielfaches Erwähnen der Schwächen oder Probleme zu entmutigen! Die Konfliktparteien pflegen zu Beginn einer Mediation oft eine Abwehrhaltung, Mediatoren haben dann die schwierige Aufgabe, diese umzuwandeln: in Richtung »Ja«! Ganz nach dem Motto: »Verhärtung, Verzweiflung, Verletzung sind im Augenblick normal – aber Schritt für Schritt können wir jetzt etwas erreichen und diesen Konflikt bearbeiten! *Yes! Ja!* Alle können etwas Konstruktives beitragen, wenn sie versuchen mitzuarbeiten.«

Bleiben Sie am Ball, wenn es darum geht, »vorbehaltlos konstruktiv« zu sein und mit einer friedlichen Hartnäckigkeit immer wieder die konstruktiven Emotionen zu fördern und zu bewahren. Menschen werden immer wieder Fehler machen – Sie genauso wie ich selbst. Das wichtigste ist, daraus zu lernen. Es gibt ein Sprichwort: Ein Fehler ist halb so schlimm, wenn er nur einmal gemacht wird.

Albert Ellis, Erfinder der RET – Rational-Emotive Therapie – behauptet, dass negative Vorstellungen und irrationale Überzeugungen Menschen seelisch zerstören und deshalb viele eine Unterweisung darin benötigen, wie sie solches negative »Soll/Muss«-Gedankengut ausmerzen oder aussondern können.

Tipps für die »YES-Haltung«:

1. Bereiten Sie sich auf eine konstruktive Begegnung vor und spielen Sie den Advocatus diaboli: Führen Sie sich vorab die besonderen Schwierigkeiten eines bestimmten Mediationsfalles vor Augen und überlegen Sie sich Alternativen (Alternativen heißt in diesem Fall Handlungsperspektiven, nicht vorgefertigte Lösungen).
2. Ignorieren Sie gegebenenfalls die »Konsumhaltung« der Konfliktparteien und betonen Sie die Bedeutung einer Kooperation.
3. Versuchen Sie, wenn Sie am Anfang auf Aggression stoßen, dies nicht persönlich zu nehmen. Oftmals stehen die Streitenden »unter Strom« und benötigen eine gewisse Anlaufphase und natürlich Ihre Hilfe, sich konstruktiv artikulieren zu können.
4. Unterbinden Sie Einschüchterungstaktiken, Drohungen und Vereinnahmungen. In der Regel ist Überzeugung viel effektiver und langfristig wirksamer als Dominanz und Zwang.
5. Bringen Sie zehn Koffer Gelassenheit, Geduld, Aufgeschlossenheit und Optimismus mit und stecken Sie alle anderen damit an!
6. Zügeln Sie Ihre eigene Wut und Ihren Frust: Am Besten ist es, wenn Mediatoren auch Experten im gewaltlosen Wutmanagement sind. Und: Wenn Sie eine Pause brauchen – nehmen Sie sich eine!
7. Achten Sie darauf, dass Sie mehr zuhören als reden: Sie wollen Informationen mit den »Vier A's und B's« sammeln und sich Wissen aneignen!
8. Bereiten Sie sich darauf vor, die Beteiligten zu unterstützen, ihren Konflikt beizulegen oder zu bearbeiten – nicht diese zu belehren.
9. Tanken Sie sich mit Energie auf, um dem Konflikt offensiv und konstruktiv zu begegnen, anstatt zu verleugnen, zu verharmlosen oder zu richten.
10. Betonen Sie immer wieder: Teamarbeit ist angesagt! Viele Augen sehen mehr als zwei.

Yoga für Mediatoren

Letzten Endes spielt unsere eigene Gesundheit, unsere körperliche und intellektuelle Leistungsfähigkeit und seelische Verfassung eine wichtige Rolle in der Mediation. Vor allem muss ein Mediator über ein ungeheures

Konzentrationsvermögen verfügen – dies ist nicht zu unterschätzen. Wenn wir nach einer halben Stunde das Gefühl bekommen, gleich umzukippen, können wir selbstverständlich geistig nicht aktiv beim Thema sein.

Yoga ist eine Möglichkeit, wie wir durch Dehnung der Muskulatur unseren Körper fit halten können. Yoga kann dazu beitragen, Stress abzubauen und unsere Seelen aufzubauen. Ich selbst bin kein »Yogafreak«, finde aber etliche Übungen sehr sinnvoll und hilfreich für die eigene Beruhigung, Entspannung und Konzentration. Es gibt Übungen, die sowohl unsere Überzeugungskraft als auch unsere Ausdauer stärken können, beispielsweise zur Blickfestigung, Entspannung, Konzentration oder Reinigung.

Folgende Atemübung können Sie auch zwischendurch machen, zum Entspannen, Meditieren und um sich auf das Wesentliche zu fokussieren.

1 Setzen Sie sich hin und schließen Sie die Augen. Sie können sich auch hinlegen – wenn Sie dies möchten und dazu die Möglichkeit haben.
2 Atmen Sie ein bisschen langsamer.
3 Konzentrieren Sie sich, so tief und langsam einzuatmen, dass Ihre Bauchdecke sich beim Einatmen hebt (ohne Anstrengung).
4 Richten Sie Ihre Aufmerksamkeit auf Ihr Einatmen durch die Nase, in den Bauchraum und den langsamen Übergang zum Ausatmen.

5 Zwingen Sie sich nicht, länger ein- oder auszuatmen, als es für Sie bequem ist. Genießen Sie das Gefühl von frischem Sauerstoff bei jedem Atemzug. Der Körper kann sich entspannen: Beine, Arme können schwerer werden. Achten Sie darauf, dass Sie Ihre Muskulatur am Hals, am Bauch, und am Rücken nicht überspannen oder verkrampfen.

6 Stellen Sie sich dann vor, dass Sie bald abheben. Mit der frischen Luftzufuhr werden Sie bald fliegen. Sie atmen die schweren Gedanken und heftigen Gefühle jetzt aus dem Körper heraus, sodass Sie immer leichter werden – wie eine Feder.

7 Je nach dem, wo Sie sich befinden und wie viel Zeit Sie zur Verfügung haben, können Sie diese Übung bis zu 20 Minuten fortsetzen.

8 Sie können zum Schluss eine kurze Phase der freien bewussten Gedanken einsetzen. Lassen Sie ihre ganzen Gedanken, Empfindungen und Fragen einfach mitfliegen. Schauen Sie sich das alles in aller Ruhe an. Was ist da? Welche Empfindungen haben Sie? Wie fühlen Sie sich momentan als Mediator? Nach ein paar Minuten versuchen Sie sich vorzustellen, dass Sie alle Ihre Gefühle, Fragen und Gedanken in eine Tasche mit vielen Fächern packen wollen. Wo gehört was hin und welche gehören zusammen? Wenn Sie Ihre Tasche gepackt haben, fragen Sie sich, welches Fach machen Sie zuerst in der Fortsetzung der Mediation auf? Gibt es beispielsweise eine Fragestellung, die jetzt nach der Ruhepause als das Wesentliche erscheint?

Z   Zuhören, Zusammenarbeit und Zukunftsorientierung

Zuhören

Zuhören ist grundlegend. Zuhören ist der rote Faden der Mediation: Konfliktbearbeitung kann nur durch wechselseitiges Zuhören funktionieren. Das Wort »Zuhören« hat eine große Familie und schließt auch das Spiegeln mit ein. Oft wird Spiegeln sogar mit dem aktiven aufmerksamen Zuhören gleichgesetzt.

»Zuhören-Familie«:
Aktives Zuhören, Aufmerksames Zuhören, Einfühlsames Zuhören, Empathisches Zuhören, Ermutigendes Zuhören, Herausforderndes Zuhören, Drastifizierendes Zuhören, Konfrontierendes Zuhören.

Die ersten zwei Begriffe stellen die in der Literatur am häufigsten genannten Formen dar. Die anderen Begriffe sind teils Unterarten des aktiven Zuhörens, teilweise überschneiden sie sich, teils fügen sie noch etwas Spezifisches zum Zuhören hinzu.

»Zuhören« klingt so selbstverständlich, banal und alltäglich. Das ist irreführend: Zuhören fällt den meisten Menschen sehr schwer und muss geübt, geübt, geübt werden. In einer Mediation unterbricht aktives Zuhören die zänkische Ping-Pong-Struktur eines Streites. Die Konfliktparteien werden aufgefordert, sich kurz zu besinnen: Sie konzentrieren sich auf das Gehörte – zusammengefasst vom Mediator – anstatt gleich wieder loszulegen und zurückzuschießen. Hemmungslosen Schimpftiraden wird die Luft genommen, wenn eine Pause zur Wiedergabe des vorher Gesprochenen eingehalten wird.

Es folgt nun eine kleine Übung zum aktiven Zuhören. Die meisten Menschen erleben diese Übung sehr unterschiedlich. Manche empfinden sie als sehr angenehm – andere behaupten, dass sie eher künstlich sei. Wichtig ist dabei, zu schauen, wie es mir selbst beim Zuhören und beim gezielten Nachfragen geht. Ich frage nämlich nicht nach dem, was mich gerade interessiert oder unklar ist, sondern ich frage nach in einer Art und Weise, welche die erzählende Person unterstützt. Meine Neugier wird geweckt – aber eventuell nicht gestillt.

Übung zum aktiven Zuhören

Erinnern Sie sich an das letzte Mal, als Ihnen jemand etwas monologisierend erzählte. War es für Sie als »Unbeteiligte« einfach zuzuhören? Reflektieren Sie jetzt:

Habe ich gerne oder ungern zugehört?

✎ _____

Wie waren meine Geduld und Konzentration beim Zuhören? Bin ich zeitweise »abgedriftet«? Habe ich das Gesprochene gespiegelt oder Fragen aus eigener Neugier gestellt?

✎ _____

_____

Was fiel mir leicht? Was fiel mir weniger leicht?

✎ _____

_____

Was hilft mir, besser und effektiver zuzuhören?

✎ _____

_____

Das nächste Mal, wenn ich mich in einer Situation des Zuhörens befinde, versuche ich …
Bitte benennen Sie konkrete Strategien und Handlungen! Ansonsten sind Ihre Zielsetzungen später nicht überprüfbar.

✎ _____

_____

Zusammenarbeit und Zukunftsorientierung

Effektive Zusammenarbeit setzt Kooperation voraus – dies ist zwischen den Streitenden am Anfang einer Mediation oft nicht gegeben. Nicht einmal im Traum können sich die befangenen Konfliktbeteiligten einen kooperativen Umgang vorstellen. Dies ist ganz normal, denn die Parteien sind aufgebracht und aufgewühlt. Zusammenarbeit ist aber die Voraussetzung für eine Mediation. Diese Regel wird zu Beginn des Gesprächs genannt, vereinbart und festgeschrieben, vom Mediator immer wieder hervorgehoben, angestrebt, unterstützt und erarbeitet. Zusammenarbeit legt das Fundament für eine mögliche Lösung oder Versöhnung.

Zum Abschluss eines ersten Mediationsgesprächs liegt die Betonung auf zukünftiger Zusammenarbeit: »demnächst ein Fortsetzungstreffen«. Eventuell wird diese Zusammenarbeit bei der Umsetzung der Übereinkunft notwendig. Konfliktbearbeitung ist – wie oben schon beschrieben – häufig ein Prozess und nicht eine einmalige Veranstaltung, in der alles gleich abgeschlossen wird. Die Zukunftsorientierung unterstreicht die Richtung einer Mediation: Aufarbeitung, Verständigung und neue Impulse für das weitere Leben. Wer in der Vergangenheit verweilen will, muss andere therapeutische Hilfe beanspruchen. Im Allgemeinen spiegelt die Mediation die Komplexität menschlicher Kommunikation und Interaktion wieder: es gibt verschiedene Dimensionen, Aspekte und Ebenen. Genauso wie wir Freundschaften nicht innerhalb von einer Stunde schließen, können wir nicht erwarten, Probleme und Konflikte blitzschnell zu beseitigen. Mediation bietet ein Werkzeug und eine Leitlinie: Strategien, um Schritt für Schritt zwischenmenschliche Probleme oder Konflikte zu bearbeiten. Wie schon beschrieben, ist die Mediation ein Verfahren, die das Lebendige aus dem »Dort und Damals« holt, in dem »Hier und Jetzt« bearbeitet und auf eine Übereinkunft für »Da und Später« zielt.

Nachwort

An alle Mediatoren der Zukunft

Die Gefahr eines solchen Buches liegt darin, möglicherweise ein Missverständnis in die Welt zu setzten. Die Leserinnen und Leser könnten meinen: Alle Menschen können Mediation sofort, leicht und ganz alleine lernen und beherrschen, egal in welchem Fall, mit welchen Menschen und in welchem Kontext. Es ist aber unbedingt notwendig, zu »studieren und probieren« und danach zu reflektieren.

Wie ich schon bei »H – Harte Fälle« erwähnt habe, gehe ich von der eigentlich professionellen Selbstverständlichkeit aus, dass jeder Profi gelegentlich Unterstützung braucht und den Austausch sucht! (Ich schließe mich da nicht aus.) Dirk Enzmann (1996) schreibt bezeichnenderweise:

> »Auch Helfer, die genügend Zeit haben und die engagiert sind, sich intensiv um die Bedürfnisse der Klienten zu kümmern, benötigen Unterstützung, um nicht durch die Konfrontation mit den Problemen der Klienten empathischen Distress und dadurch Gefühle von Wirkungslosigkeit und mangelnder Kompetenz zu entwickeln. Für ein professionelles Selbstverständnis wäre deshalb wichtig anzuerkennen, dass Anzeichen starker emotionaler Beteiligung und Erregung nicht an sich unprofessionell sind, sondern dass eher das Ignorieren der eigenen Befindlichkeit ein Zeichen mangelnder Professionalität und nicht funktionierender Unterstützungssysteme ist.« (Seite 318)

Beachten Sie auch was Zuschlag und Thielke (1992) schreiben:

> »gedacht bedeutet nicht gesagt
> gesagt bedeutet nicht gehört
> gehört bedeutet nicht verstanden
> verstanden bedeutet nicht einverstanden
> einverstanden bedeutet nicht realisierbar
> realisierbar bedeutet nicht angewendet
> angewendet bedeutet nicht gekonnt
> gekonnt bedeutet noch nicht lange beibehalten.« (Seite 272)

Ihre Herausforderung als zukünftige Mediatoren ist, das Wissen in Handeln durch ständiges reflektiertes Erfahrungslernen umzusetzen:

Lernzyklus

1. Sammeln von Erfahrungen.
2. Reflexion darüber und Austausch mit anderen.
3. Neue Erkenntnisse und Fragen daraus erschließen.
4. Gegebenenfalls noch zusätzliche Handlungsstrategien und Wissen in Bezug auf die neuen Fragestellungen heranziehen.
5. Weiteres Umsetzen und Sammeln von Praxiserfahrungen.
6. Reflexion darüber, …

Mediationstrainings bieten erfolgverheißende Strategien, kognitives Wissen mit praktischem Können zu verbinden und eine kritische Reflexion anzuregen. Spätestens wenn ich ein erstes Mal versucht habe, zwischen Konfliktparteien zu vermitteln, werde ich damit konfrontiert, wie schwierig es ist, die Theorien in die Praxis umzusetzen. Nur bei der Verknüpfung von Wissen, Handeln, Können und »Üben, Üben, Probieren, Reflektieren und wieder Üben« kann ich lernen, mit Herz, Kopf und Seele meinen geeigneten Stil als Mediator zu finden.

Lernen für das Leben!

Es ist paradox: Allgemeine »Rezepte« für alle Konflikte gibt es nicht. Trotzdem können wir einige schlaue, wirksame Strategien und Methoden entwickeln und anbieten, die Menschen helfen können, Konflikte zu deeskalieren und konstruktiv zu regulieren. Zwar ist jede Konfliktsituation einzigartig und hat eine eigene Dynamik und spezifische Parameter, aber die skizzierten ABC's bieten konkrete Leitlinien, Konflikten in unterschiedlichen Situationen konstruktiv zu begegnen.

Mediation: Ja, aber wie?

Es gab einmal vor vielen Jahren in einem fernen Land einen alten, weisen, weißbärtigen Rabbi, der seiner Zuhörerschaft eine Frage stellte. Eine große kräftige Bäuerin stand auf, erklärte gestenreich den Sachverhalt und lieferte eine überzeugende Antwort. Der Rabbi hörte aufmerksam zu und sagte zu der Bäuerin: »Du hast Recht.« Da erhob sich eine schmächtige Schneiderin, argumentierte völlig anders als die Bäuerin und gelangte schließlich zu einem völlig anderen Ergebnis. Der Rabbi lauschte ebenso geduldig, kraulte seinen Bart, überlegte kurz und antwortete der Schneiderin: »Du hast Recht«. Da springt eine gebildete Schriftgelehrte auf und ruft: »Aber Rabbi, das kann doch nicht sein! Die beiden haben deine Frage gänzlich widersprechend beantwortet und du gibt's beiden Recht!« Der weise Rabbi überlegt abermals und entgegnet der Gelehrten: »Ja, und du hast auch Recht!« (Nach Netzig 1995)

Mediation ist eine schöpferische Kunst!

Ebenso ist es in der Mediation. – Es gibt zentrale Hauptstraßen und viele kleine verschiedene Wege, an das Ziel zu gelangen!

Zur Aufmunterung erinnere ich Sie daran:

> »Eine Tausendmeilenreise fängt mit dem ersten Schritt an und aus bescheidenen Anfänge entstehen große Sachen.« (Nach Arnander/Skipwith 1992, Seite 82).

Bestandteil der Mediation ist die Schulung der Gefühle, der Ausbau der emotionalen Intelligenz und die Suche nach Wegen der Gewaltlosigkeit.

Mediation ist eine Lebenskunst – finden Sie Ihren Weg!
Viel Kraft, Spaß und Erfolg wünscht Ihnen!

Dr. Duly ☺

Literaturverzeichnis

Altmann, Gerhard/Fiebiger, Heinrich/Müller, Rolf: Mediation: Konfliktmanagement für moderne Unternehmen. (Beltz) Weinheim und Basel 1998

Anne-Frank-Stichting/Centre (Hrsg.): Anne Frank Journal (Anne-Frank-Zeitung); Amsterdam 1987

Arnander, Primrose/Skipwith, Ashkhain: Apricots Tomorrow; (Stacey International) London 1992

Augsburger, David W.: Conflict Mediation Across Cultures; (John Knox Press) Kentucky 1992

Avruch, Kevin/Black, Peter W./Scimecca, Joseph A.(Hrsg.): Conflict Resolution: Cross-Cultural Perspectives; (Greenwood Press) Westport CT/London 1991

Bandura, Albert: Social Cognitive Theory of Self-Regulation. In: Organizational Behavior and Human Decision Processes; Vol. 50, 1991, S. 248 – 287

Berne, Eric (Übersetzung: Wagmuth, Wolfram): Spiele der Erwachsenen; (Rowohlt) Reinbek b. Hamburg 1967

Berne, Eric (Übersetzung: Wagmuth, Wolfram): Was sagen Sie, nach dem Sie »Guten Tag« gesagt haben? Psychologie des menschlichen Verhaltens; (Fischer) München [12]1997

Besemer, Christoph: Mediation – Vermittlung in Konflikten; (Stiftung Gewaltfreies Leben) Baden 1993

Besemer, Christoph: Mediation in der Praxis – Erfahrungen aus den USA; (Stiftung Gewaltfreies Leben) Baden 1996

Blume, Michael: Satyagraha: Wahrheit und Gewaltfreiheit, Yoga und Widerstand bei M.K. Gandhi; (Hinder + Deelmann) Gladenbach 1987

Boal, Augusto (Übersetzung: Spinu, Marina und Thorau, Henry): Theater der Unterdrückten – Übungen und Spiele für Schauspieler und Nicht-Schauspieler; (Suhrkamp) Frankfurt/M. 1979

Brislin, Richard W./Yoshida, Tomoko: Intercultural Communication Training: An Introduction; (Sage) Thousand Oaks, Ca/London/New Delhi 1994a

Brislin, Richard W./Yoshida, Tomoko (Hrsg.): Improving Intercultural Interactions: Modules for Cross-Cultural Training Programs; (Sage) Thousand Oaks, Ca/London/New Delhi 1994b

Bush, Robert A. Baruch/Folger, Joseph P.: The Promise of Mediation: Responding to Conflict through Empowerment and Recognition; (Jossey-Bass) San Francisco 1994

Cohn, Ruth C.: Von der Psychoanalyse zur themenzentrierten Interaktion; (Klett-Cotta) Stuttgart, [13]1997

Conflict Resolution Center International, Inc. (Hrsg.): Conflict Resolution Notes; (Conflict Resolution Center International, Inc., 204 37th St., Pittsburgh, PA 15201-1859 USA) (E-Mail: crcii@igc.apc.org)

Conflict Resolution Education Network (CREnet, früherer NAME) (Hrsg.): The Fourth R (Newsletter); National Institute for Dispute Resolution (NIDR), (1726 M Street, NW Suite 500, Washington DC 20036-4502 USA) (E-Mail: nidr@crenet.org)

Coover, Virginia/Deacon, Ellen/Esser, Charles/Moore, Christopher: Resource Manual for a Living Revolution; (New Society Publishers 4722 Baltimore Ave, Philadelphia, PA 19143 USA) 1985

Creighton, Allan/Kivel, Paul: Die Gewalt stoppen. Ein Praxisbuch für die Arbeit mit Jugendlichen; (Verlag an der Ruhr) Mühlheim an der Ruhr 1993

Deutsch, Morton: Konfliktregelung: konstruktive und destruktive Prozesse; (E. Reinhardt) München/Basel 1976

Deutsch, Morton: »Constructive Conflict Resolution: Principles, Training, and Research«. In: Journal of Social Issues; Vol. 50/No. 1, 1994, pp. 13–32

Deutsch, Morton/Krauss, Robert M. (Übersetzung: Bornewasser, M.): Theorien der Sozialpsychologie; (Klotz) Eschborn b. Frankfurt/M. 1997

Dürr, Walter: Biologische Grundlagen ökonomischen und ökologischen Verhaltens. In: Pädagogische Anthropologie und Evolution …, Erlangen 1995, Seite 171 ff.

Dulabaum, Nina L./Essinger, Helmut/Preuß, Michael/Schaaf, Petra (Hrsg.): Erziehung: Interkulturell – Politisch – Antirassistisch. Ein Reader zur Ausstellung: Rassismen in Unterrichtsmaterialien; (Institut für Interkulturelle Erziehung, FU) Berlin 1990. (Teilweiser Nachdruck durch die GEW Berlin 1991 und die GEW Saarland 1992.)

Dulabaum, Nina L.: »Strategien zur Konfliktlösung«. In: Annotierte Bibliographie für die politische Bildung; (Bundeszentrale für politische Bildung) Bonn 2/1995, S. 2/95-2; »Theorie und Praxis als erfrischender Cocktail«. In: Päd Extra; (Georg Beck Verlag) Frankfurt/M., Ausgabe 7/8/1995, S. 63

Dulabaum, Nina L.: A Pedagogy for Cross-Cultural Conflict Transformation in Germany: The Development, Implementation and Assessment of Violence Prevention Training Seminars (Dissertation an der TU Berlin); (Kovac), Hamburg 1996[1]

Dulabaum, Nina L.: »Mediation in der Schule: Konflikt und Kommunikation lernen? *Ja – aber wie?*!« und »Reflexion über den Workshop«. In: Falk, Gerhard/Heintel, Peter/Pelikan, Christa (Hrsg.): Die Welt der Mediation; (Alekto) Klagenfurt 1998

Duryea, Michelle LeBaron: Conflict Analysis & Resolution as Education – Culturally Sensitive Processes for Conflict Resolution (Training Materials); (UVic – Institute for Dispute Resolution) Victoria, British Columbia 1994

Eckert, Roland/Willems, Helmut: Konfliktintervention; (Leske + Budrich) Opladen 1992

Ellis, Albert (Übersetzung: Stein, Brigitte/Trunk, Christoph): Die rational-emotive Therapie: Das innere Selbstgespräch bei seelischen Problemen und seine Veränderung; (Pfeiffer) München [5]1993

Ellis, Albert (Übersetzung: Price, Gordon H.): Training der Gefühle: Wie Sie sich hartnäckig weigern, unglücklich zu sein; (mvg-Paperbacks) Landsberg am Lech 1996

Enzmann, Dirk: Gestresst, erschöpft oder ausgebrannt? Einflüsse von Arbeitssituation, Empathie und Coping auf den Burnoutprozess (Dissertation an der FU Berlin), (Profil) München/Wien 1996

Essinger, Helmut/Ucar, Ali: Erziehung: Interkulturell – Politisch – Antirassistisch. Von der interkulturellen zur antirassistischen Erziehung – Ein Reader; (Migro) Felsberg 1993

Faller, K./Kerntke, W./Wackmann, M.: Konflikte selber lösen, ein Trainingsbuch für Mediation und Konfliktmanagement in Schule und Jugendarbeit; (Verlag an der Ruhr), Mülheim 1996

Falk, Gerhard/Heintel, Peter/Pelikan, Christa (Hrsg.): Die Welt der Mediation; (Alekto) Klagenfurt, Österreich 1998

Fearn, Leif: Individual Development: Creativity; (Education Improvement Associates) San Diego 1974 (Veröffentlichung z. Zt.: Magic Circle Publishing, P.O. Box 1577, Spring Valley, CA 92077 USA)

Fisher, Roger/Brown, Scott (Übersetzung: Gränz,Linda): Gute Beziehungen – Die Kunst der Konfliktvermeidung, Konfliktlösung und Kooperation; (Campus) Frankfurt/M. 1989

Fisher, Roger/Ury, William/Patton, Bruce (Übersetzung: Raith, Werner/Hof, Winfried): Das Harvard-Konzept, Sachgerecht verhandeln – erfolgreich verhandeln; (Campus), Frankfurt/M. [15]1997

Folger, Joseph P./Jones, Tricia S. (Eds.): New Directions in Mediation: Communication Research and Perspectives; (Sage) CA/London/New Delhi, India 1994

Follett, Mary Parker: Dynamic Administration; (Harper) New York 1942

Freire, Paulo (Übersetzung: Simpfendörferl, Werner): Pädagogik der Unterdrückten: Bildung als Praxis der Freiheit; (Rowohlt) Reinbek b. Hamburg 1987

Frisch, Max: Die Tagebücher 1946–1949, 1966–1971; (Suhrkamp) Frankfurt/M. 1983

Gardner, Howard: Frames of Mind: Theory of Multiple Intelligences (10. Auflage); (Basic Books) New York 1993

Geißler, Karlheinz A.: Anfangssituationen; (Beltz) Weinheim und Basel [8]2000

Geißler, Karlheinz A.: Schlußsituationen; (Beltz) Weinheim und Basel [3]2000

Geißler, Karlheinz A.: Zeit. »Verweile doch, du bist so schön«; (Quadriga) Weinheim 1996

Geißler, Karlheinz A.: Zeit leben; (Quadriga) Weinheim [6]1997

Gibble, Peggy/Vitiello, Marscha: »Working at It. A Conflict Resolution Guide« (Work in Progress); Elgin, IL 1995

Gilligan, Carol: Die andere Stimme. Lebenskonflikte und Moral der Frau; (Piper) München/Zürich 1984

Glasl, Friedrich: Konfliktmanagement; (Verlag Paul Haupt) Bern/(Freies Geistesleben) Stuttgart 1990

Goleman, Daniel (Übersetzung: Griese, Friedrich): EQ. Emotionale Intelligenz; (dtv) München [5]1997

Gordon, Thomas: Die Neue Familienkonferenz; (Hoffmann und Campe) 1993

Graf von Nayhauss, Hans-Christoph (Hrsg.): Arbeitstexte für den Unterricht – Kürzestgeschichten; (Philipp Reklam Jun.) Stuttgart 1982

Gray, John: Mars, Venus und Partnerschaft; (Goldmann) München 1998

Hagedorn, Ortrud: Konfliktlotsen; (Klett) Stuttgart 1994

Harris, Thomas A. (Übersetzung: Brender, Irmela): Ich bin o.k. – du bist o.k.; (Rowohlt) Reinbek b. Hamburg 1973

Harris, Amy Bjork/Harris, Thomas A.(Übersetzung: Kober, Hainer): Einmal o.k. immer o.k.: Transaktionsanalyse für den Alltag; (Rowohlt) Reinbek b. Hamburg 1985

Haynes, John M.: Scheidung ohne Verlierer; (Kösel), München 1993

Heisenberg, Werner: Der Teil und das Ganze; (Piper) München 1969

Hofstede, Geert (Übersetzung: Hasenkamp, Nadia/Lee, Anthony): Interkulturelle Zusammenarbeit: Kulturen-Organisationen-Management; (Gabler) Wiesbaden 1993

Holmes, Janet: »Frauensprache in der Öffentlichkeit«. In: Trömel-Plötz, Senta (Hrsg.): Frauensprache: Sprache der Verständigung; (Fischer) Frankfurt/M. 1996, S. 87–103

Jackins, Harvey: The Human Situation; (Rational Island Pub.) Seattle 1973

James, Muriel/Jongeward, Dorothy (Übersetzung: Brender, Irmela): Spontan leben: Übungen zur Selbstverwirklichung; (Rowohlt) Reinbek b. Hamburg 1974

Juergensmeyer, Mark: Fighting with Gandhi; (Harper & Row) San Francisco 1984

Jungk, Robert/Müllert, Norbert R.: Zukunftswerkstätten: Mit Phantasie gegen Routine und Resignation; (Heyne) München 1989

Katz, Judith H.: White Awareness: Handbook for Anti-Racism Training; (University of Oklahoma Press) Norman/London 1978

Kliebisch, Udo: Das Anti-Stress-Programm. Ein Trainingsbuch zur psychologischen Selbst-Hilfe; (Neue deutsche Schule) Essen. 1995b

Kliebisch, Udo: Kommunikation und Selbstsicherheit. Interaktionsspiele und Infos für Jugendliche; (Verlag an der Ruhr) Mülheim an der Ruhr 1995a

Kochman, Thomas: Black and White – Styles in Conflict; (The University of Chicago Press) Chicago/London 1981

Kolb, Deborah M. (Ed.): When Talk Works: Profiles of Mediators; (Jossey-Bass) San Francisco 1994

Kreidler, William: Creative Conflict Resolution: More than 200 Activities for Keeping Peace in the Classroom; (Scott Foresman & Co.) Glenview IL 1984

Kroon, Sjaak/Pagel, Dietmar/Vallen, Tom (Hrsg.): Multiethnische Gesellschaft und Schule in Berlin; (Waxmann) Münster/New York 1993

Kubach, Thorsten/Netzig, Lutz/Petzold, Frauke/Schadt, Michael/Wandrey, Michael: Projektgruppe Standards (TOA); (WAAGE) Hannover 1995

Landesinstitut für Schule und Weiterbildung (Hrsg.): Streitschlichtung: Schülerinnen und Schüler übernehmen Verantwortung für Konfliktlösung in der Schule (Video und Begleitheft); (Verlag für Schule und Weiterbildung, Postf. 1150, 59193 Bönen) 1996

Langmaack, Barbara/Braune-Krickau, Michael: Wie die Gruppe laufen lernt: Anregungen zum Planen und Leiten von Gruppen; (Psychologie Verlags Union) Weinheim [7]2000

Lederach, John Paul: Beyond Prescription: New Lenses for Conflict Resolution: Training across Cultures (A Working Draft); Commissioned by the Inter-racial and Cross-cultural Conflict Resolution Project, Conrad Grebel College, Waterloo, Ontario, May 1992

Lederach, John Paul: Preparing for Peace: Conflict Transformation Across Cultures; (Syracuse University Press) Syracuse, New York 1995

Liedloff, Jean (Übersetzung: Schlottmann, Eva/Taeni, Rainer): Auf der Suche nach dem verlorenen Glück: Gegen die Zerstörung unserer Glücksfähigkeit in der frühen Kindheit; (C.H. Beck) München 1990

Macbeth, Fiona/Fine, Nic: Playing With Fire: Creative Conflict Resolution for Young Adults; (New Society Publishers) 1994

Maslow, Abraham H. (Übersetzung: Kruntorad, Paul): Motivation und Persönlichkeit; (Walter Verlag AG) 1977; (Rowohlt) Reinbek b. Hamburg 1987

Mead, Margaret: »Alternatives to War«. In: Fried, Morton/Harris, Marvin/Murphy, Robert (Hrsg.): War: The Anthropology of Armed Conflict and Aggression; (Natural History Press) Garden City, New York 1968

Mediation e.V. (Hrsg.): Infoblatt Mediation; (Rosenanger 20, 31595 Steyerberg) (E-Mail: mediation@t-online.de)

Mediation Quarterly; (Jossey-Bass Pub.) (350 Sansome St., San Francisco, CA USA 94104-1342)

Miedzian, Myriam: Boys Will Be Boys: Breaking the Link Between Masculinity and Violence; (Doubleday, Anchor) New York/London/Toronto/Sydney/Auckland 1991

Mennonite Conciliation Service (Hrsg.): Conciliation Quarterly Newsletter (Journal). (Mennonite Central Committee, 21 S. 12th St., PO Box 500 Akron PA 17501-0500 USA) (E-Mail: mcs@mccus.org)

Mennonite Conciliation Service (Hrsg.): Mediation Training Manual: Skills for Constructive Conflict Transformation; Akron PA 1992

Moore, Christopher W.: The Mediation Process. Practical Strategies for Resolving Conflict; (Jossey-Bass) San Francisco 1986

Morgan, Gareth: Imagination: The Art of Creative Management; (Sage Publications) Beverly Hills/London 1993

National Association for Community Mediation (Hrsg.): NAFCM News; Washington DC (1726 M Street, NW Suite 500, Washington, DC 20036-4502 USA (E-Mail: nafcm@natem.org)

National Institute for Dispute Resolution (NIDR) (Hrsg.): NIDR News; (National Institute for Dispute Resolution) – NIDR, 1726 M Street, NW Suite 500, Washington, (DC 20036-4502 USA) (E-Mail: nidr@crenet.org)

Negotiation Journal; (Plenum Publishing Co.) (»33 Spring St., NY NY 10013)

Netzig, Lutz: »Von Wahrheiten und verlorenen Gesichtern« (Text für das Jahresheft Schüler 1995, Thema: Gewalt in der Schule); Erhard Friedrich Verlag, Velber

Palomares, Uvaldo u.a.: A Curriculum on Conflict Management; (Human Development Training Institute) San Diego, CA 1975

Perls, Frederick S.: Gestalt Therapy Verbatim; (Real People Press) Layfayette, CA 1969

Perry, Lisa R.: »Cherokee Generative Metaphors« (Vortrag); University of Florida, Gainesville 1994

Posselt, Ralf-Erik/Schumacher, Klaus: Projekthandbuch: Gewalt und Rassismus; (Verlag an der Ruhr) Mülheim 1993

Prutzman, Priscilla/Stern, Lee/Burger, M. Leonard/Bodenhamer, Gretchen: The Friendly Classroom for a Small Planet; (New Society Publishers) Philadelphia/Gabriola Island, BC 1988

Psychologie Heute: Wenn Reden nicht weiterhilft; (Beltz) Weinheim, Januar 1998

Rethinking Schools – An Urban Educational Journal; (Rethinking Schools, 1001 East Keefe Ave., Milwaukee WI 53212 USA) 1989

Rogers, Carl R.: Die klientzentrierte Gesprächspsychotherapie; (Kindler) München 1972

Ropers, Norbert: »Friedliche Einmischung, Strukturen, Prozesse und Strategien zur konstruktiven Bearbeitung ethnopolitischer Konflikte«; (Berghof Forschungszentrum für konstruktive Konfliktbearbeitung.) Berlin 1995 (E-Mail Berghof@berghof.b.shuttle.de)

Ropers, Norbert/Debiel, Tobias (Hrsg.): Friedliche Konfliktbearbeitung in der Staaten- und Gesellschaftswelt; (Stiftung Entwicklung und Frieden) Bonn 1995

Sadella, Gail/Henriquez, Manti/Holmberg, Meg (Hrsg.): Conflict Resolution: A Secondary School Curriculum; (Community Board Program, Inc., 1540 Market Street, Suite 490, San Francisco, CA 94102 USA) 1987

Sadella, Gail/Holmberg, Meg/Halligan, Jim (Hrsg.): Conflict Resolution: An Elementary School Curriculum; (Community Board Program, Inc.) San Francisco 1990

Samovar, Larry A./Porter, Richard E.: Communication Between Cultures; (Wadsworth) Belmont, CA 1991

Satir, Virginia/Englander-Golden, Paula (Übersetzung: Dellefant, Hans): Sei direkt: Der Weg zu freien Entscheidungen; (Junfermann) Paderborn 1994

Schniedewind, Nancy/Davidson, Ellen: Open Minds to Equality; (Allyn & Bacon) Boston/London/Toronto 1983

School Mediation Associates (Hrsg.): The School Mediator – A Newsletter for the School Mediation Community; Belmont, MA 1994

Schrumpf, Fred/Crawford, Donna K./Bodine, Richard J.: Peer Mediation: Conflict Resolution in Schools (Revised Edition); (Research Press) Champaign IL (1991)1997

Schulz von Thun, Friedemann: Miteinander Reden 1: Störungen und Klärungen; (Rowohlt) Reinbek b. Hamburg 1981

Schulz von Thun: Praxisberatung in Gruppen; (Beltz) Weinheim und Basel. ^{2}1998

Schwarz, Gerhard: Die »Heilige Ordnung« der Männer: Patriarchalische Hierarchie und Gruppendynamik; (Westdeutscher Verlag) Opladen 1985

Senge, Peter M. (Übersetzung: Klostermann, Maren): Die fünfte Disziplin: Kunst und Praxis der lernenden Organisation; (Klett-Cotta) Stuttgart ^{3}1996

Servicebüro für TOA und Konfliktschlichtung (Hrsg.) Regelmäßig erscheinender Infodienst für Absolventen der Grundqualifizierung zum Konfliktberater; (Mirbachstr. 2, 53173 Bonn)

Shor, Ira/Freire, Paulo: A Pedagogy for Liberation: Dialogues on Transforming Education; (Bergin & Garvey) Granby, Massachusetts 1987

Tannen, Deborah (Übersetzung: Klostermann, Maren): Du kannst mich einfach nicht verstehen: Warum Männer und Frauen aneinander vorbeireden; (Büchergilde Gutenberg) Wien/Frankfurt/M.1991

Tannen, Deborah (Übersetzung: Klostermann, Maren): Das hab' ich nicht gesagt: Kommunikations-Probleme im Alltag; (Kabel) Hamburg 1992 (Goldmann) 1994

Tannen, Deborah (Übersetzung: Klostermann, Maren/Benthack, Michael): Job Talk; (Kabel) Hamburg 1995;

Thomann, Christoph/Schulz von Thun, Friedemann: Klärungshilfe; (Rowohlt) Reinbek b. Hamburg 1994

Trömel-Plötz, Senta (Hrsg.): Frauensprache: Sprache der Veränderung; (Fischer Taschenbuch) Frankfurt/M. 1982

Trömel-Plötz, Senta (Hrsg.): Frauensprache: Sprache der Verständigung; (Fischer Taschenbuch) Frankfurt/M. 1996

Uhle, Detlef (Yogi Deenbandhu): Yoga für alle: Übungen für jeden Tag; (Rowohlt) Reinbek b. Hamburg 1984/5

Vopel, Klaus W.: Gruppenrituale: Mit dem Herzen sehen lernen; (Iskopress) Salzhausen 1997

Wahrig, Gerhard (Hrsg.): Wörterbuch der deutschen Sprache; (Deutscher Taschenbuch Verlag) München 1978

Wampler, Faye W./Hess, Susan A.: Conflict Mediation for a New Generation: Training Manual for Educators; (Community Mediation Center) Harrisonburg, VA 1992

Watzlawick, Paul/Beavin, Janet H./Jackson, Don D.: Menschliche Kommunikation: Formen, Störungen, Paradoxien; (Huber) Bern [9]1996

Watzlawick, P./Weakland, J.H./Fisch, R.: Lösungen: Zur Theorie und Praxis menschlichen Wandels; (Huber) Bern 1974

Watzlawick, Paul: Anleitung zum Unglücklichsein; Deutscher Taschenbuch Verlag, München 1983

Weinberger, Sabine: Klientenzentrierte Gesprächsführung; Beltz [7]1996

Whittington, Barbara: Mediation, Power & Gender, A Critical Review of Selected Readings; (UVic – Institute for Dispute Resolution) Victoria, British Columbia 1992

Woolner, Cate: Rethinking Mediation: Peacefully in a Multi-Cultural World; (damals NAME – jetzt siehe Conflict Resolution Education Network) Amherst, Massachusetts 1992

Zuschlag, Berndt/Thielke, Wolfgang: Konflikt-Situationen im Alltag; (Verlag für Angewandte Psychologie) Göttingen/Stuttgart [2]1992

Bildnachweis

W BELTZ WEITERBILDUNG

Regina Mahlmann
**Selbsttraining
für Führungskräfte**
Ein Leitfaden zur Analyse
der eigenen Führungs-
persönlichkeit und eine
Anleitung zum »persönlichen
Change Management«.
248 S. Zahlr. Abb. Pappband.
ISBN 3-407-36374-5

Dies ist ein Buch zum
Selbst-Coaching,
mit Tests, Beispielen
und Erläuterungen.
Erkennen Sie mit Hilfe dieses
Buches Ihre Stärken und
Schwächen. Mit diesem
Wissen entfalten Sie Ihre
eigene Vision einer guten
Führungskraft. Sie bekommen
viele Anregungen, wie Sie an
»Schwachstellen« arbeiten
können und dabei authentisch
bleiben. So gerüstet meistern
Sie den Führungsalltag.

Aus dem Inhalt:
Grundmotivationen mensch-
lichen Handelns; Strategien
für den Umgang mit Verän-
derungen; Neubestimmung
der Führungsfunktion; Coach,
Leader und Kulturmanager.

Michael Reddy
Mitarbeiter beraten
Kollegiale Hilfe zur Selbsthilfe.
197 S. 20 Abb. Pappband.
ISBN 3-407-36328-1

Der Mensch ist der wichtigste
Aktivposten eines Unterneh-
mens. Der Erfolg hängt davon
ab, ob ein effektives und
zufrieden stellendes Arbeiten
möglich ist. Unter diesen
Gesichtspunkten ist Beratung
ein kostengünstiges Mittel zur
Verbesserung der Arbeitsleis-
tung. Doch gute Beratung will
gelernt sein. Michael Reddy
versteht darunter vor allem
die Hilfe zur Selbsthilfe. Die
Betroffenen sollen in die Lage
versetzt werden, selbst die
Lösung ihres Problems herbei-
zuführen. Er beschreibt aus-
führlich die drei Phasen des
Beratungsprozesses mit den
dazugehörigen Fähigkeiten,
Techniken und Einstellungen.

Aus dem Inhalt:
Die drei Phasen der Beratung;
Beratungstechniken;
Eigenschaften eines Beraters;
Karriereberatung.

Bodo G. Toelstede
Das Verhandlungskonzept
Hart in der Sache –
menschlich im Dialog.
276 S. 36 Abb. Pappband.
ISBN 3-407-36330-3

Neben den klassischen Kom-
munikationsfertigkeiten geht
es in diesem Buch vor allem
um eine persönliche Strategie
und den Einsatz der richtigen
Verhandlungsmethode. Es
geht um das Fair-Handeln
beim Verhandeln. Bodo G.
Toelstede hat ein Verhandlungskonzept entwickelt,
kurz »K.E.R.Z.E.« genannt,
das als Wegweiser dient,
um in Zukunft klüger und
geschickter verhandeln zu
können. Es ist verblüffend
leicht anzuwenden und bringt
mit Sicherheit Erfolg.

»Ein klassisches Buch ›aus der
Praxis für die Praxis‹.«
Windmühle

Aus dem Inhalt:
K.E.R.Z.E. das Erfolgskonzept
für Verhandlungen; Schwierige Verhandlungssituationen
und -partner.

Gerhard Altmann / Heinrich
Fiebiger / Rolf Müller
**Mediation:
Konfliktmanagement für
moderne Unternehmen**
261 S. Zahlr. Abb. Pappband.
ISBN 3-407-36387-7

Die einen sagen: »Mediationsverfahren sind zeitraubend
und zu kostspielig.« Die anderen sagen: »Mediation lohnt
immer und ist wichtig für das
weitere Zusammenleben und
Zusammenarbeiten.« Richtig
ist: Mediation fördert die
selbstbestimmte Konflikt-
bearbeitung der Streitparteien.
Neue Wege werden möglich.
Die Autoren Altmann,
Fiebiger und Müller – alle drei
erfolgreiche Mediatoren –
zeigen auf, über welche
methodischen Kenntnisse ein
Mediator verfügen muss.

Aus dem Inhalt:
Mediation und verwandte
Verfahren; Der Mediator im
Unternehmen; Methoden und
Strategien der Mediation;
Beispiele aus der Mediations-
praxis.

Beltz Verlag • Postfach 100154 • 69441 Weinheim • www.beltz.de